ΣBEST シグマベスト

JN084192

中学 漢字・語句

実力アップ問題集

文英堂編集部 編

EXERCISE BOOK | JAPANESE

文英堂

この本の特長

実力アップが実感できる問題集です。

1 初めの「重要ポイント/重要ポイント確認問題」で，定期テストの要点が一目でわかる！

2 「3つのステップにわかれた練習問題」を順に解くだけの段階学習で，確実にレベルアップ！

3 苦手を克服できる別冊「解答と解説」。問題を解くためのポイントを掲載した，わかりやすい解説！

入試問題で，実戦力を鍛える！

模擬テスト

実際の高校入試過去問にチャレンジしましょう。

実力アップ問題

定期テストに出題される可能性が高い問題を，実際のテスト形式で載せています。

カンペキに仕上げる！

必修問題

高校入試までにマスターしておきたい問題です。

基礎問題

定期テストで「60点」をとるために解いておきたい，基本的な問題です。

重要 みんながほとんど正解する，落とすことのできない問題。

ミス注意 よく出題される，みんなが間違えやすい問題。

基本事項を確実におさえる！

重要ポイント/重要ポイント確認問題

重要ポイント 各単元の重要事項を2ページに整理しています。定期テスト直前のチェックにも最適です。

重要ポイント確認問題 重要ポイントの内容を覚えられたか,チェックしましょう。

もくじ

1章 漢字・語句知識

もくじ

2章 漢字マスター

3章 高校入試対策

もくじ

1章

漢字・語句知識

漢字の組み立て、同音異義語・同訓異字、
慣用句・ことわざなど、漢字を学習する上で
おさえておきたい知識を学習していく。

1 漢字の組み立て

重要ポイント

① 漢字の成り立ち

漢字は、その成り立ちから次の四種類に分類できる。

□① **象形《しょうけい》文字**…物の形をかたどって作ったもの。

例 山（）　日（）　月（）

□② **指事《しじ》文字**…物事を、点や線の記号を使って指し示したもの。

例 一　上（）　下（）　本（）

□③ **会意《かいい》文字**…二つ以上の漢字を組み合わせて、別の意味を表したもの。

例 日＋月→明　木＋木→林　田＋力→男

□④ **形声《けいせい》文字**…二つの文字を合わせ、一方が意味、一方が音《おん》を表したもの。

例 氵（水）＋可《カ》→河　木＋支《シ》→枝　食＋反《ハン》→飯

② 漢字の部首《ぶしゅ》

漢字を字形の構成から分類する場合、各字形に共通する部分を部首という。部首には二〇〇種類以上あるが、次の七種類に大別できる。

□① **へん（扁）**…漢字の左を作っている。

例 紙（いとへん）　村（きへん）　防（こざとへん）　話（ごんべん）
清（さんずい）　神（しめすへん）　投（てへん）　信（にんべん）

テストではココがねらわれる

◎**おもな会意文字とその成り立ち**

会意文字は数が少なく、おもに次のようなものがある。成り立ちとともに覚えておくとよい。

□武＝ほこ（戈）と足（止）で戦いに行く。
□孝＝子が老人に仕える。
□炎＝火が燃えさかり、ほのおとなる。
□劣＝力が少なくておとっている。
□鳴＝鳥が口でなく。
□位＝人の立つべき場所。
□森＝木がたくさん密集している。
□岩＝山にある大きな石。
□曇＝日が雲におおわれてくもる。
□名＝暗く（夕方に）なると口で呼ぶ。

◎**形声文字の種類**

形声文字は漢字全体の約八〇％をしめる。その組み立てを分類すると次のようになる。

秋（のぎへん）　灯（ひへん）　裕（ころもへん）　慣（りっしんべん）

□②**つくり（旁）**…漢字の右を作っている。

例 歌（あくび）　顔（おおがい）　部（おおざと）　即（ふしづくり）
雑（ふるとり）　戦（ほこづくり）　制（りっとう）　段（るまた）

□③**かんむり（冠）**…漢字の上を作っている。

例 窓（あなかんむり）　雲（あめかんむり）　宝（うかんむり）
草（くさかんむり）　筆（たけかんむり）　京（なべぶた）
発（はつがしら）　今（ひとやね）

□④**あし（脚）**…漢字の下を作っている。

例 思（こころ）　益（さら）　兄（ひとあし）　点（れんが・れっか）

□⑤**にょう（繞）**…漢字の左から下へめぐっている。

例 延（えんにょう）　追（しんにょう・しんにゅう）　起（そうにょう）

□⑥**たれ（垂）**…漢字の上から左下にたれている。

例 原（がんだれ）　屋（しかばね）　庁（まだれ）　痛（やまいだれ）

□⑦**かまえ（構）**…漢字のまわりを囲んでいる。

例 国（くにがまえ）　間（もんがまえ）　術（ぎょうがまえ）

③部首の意味

部首にはそれぞれ意味がある。漢字の意味を知るためにも、おもな部首の意味を理解しておくとよい。

□氵＝水　□冫＝氷　□彳＝行く・道　□刂＝刀
□宀＝住居・家　□灬＝火　□禾＝稲《いね》・穀物《こくもつ》　□衤＝衣服
□耂＝老人　□疒＝病気　□厂＝がけ・岩　□犭＝けもの
□忄＝心　□阝＝丘・小山　□⻗＝雨　□辶・⻌＝行く

□①**左に意味、右に音。**
例 河　評　被　積　採　愉　時

□②**左に音、右に意味。**
例 静　務　判　政　群　放　功

□③**上に意味、下に音。**
例 花　雲　登　昇　星　究　管

□④**上に音、下に意味。**
例 努　導　幕　志　盟　装　貸

□⑤**外に意味、内に音。**
例 閣　固　疲　層　庁

□⑥**外に音、内に意味。**
例 問　聞

◉まぎらわしい部首

□
「月（つき）」＝月や日に関係する。
例 有　望　期　朝
「月（にくづき）」＝体や肉に関係する。
例 脳　肺　胸　脈　腸　腹　臓

□
「礻（しめすへん）」＝神や祭りに関係する。
例 礼　社　祈　祝　神　祖　福
「衤（ころもへん）」＝衣服に関係する。
例 被　補　裕　複　襟

重要ポイント確認問題

1 漢字の成り立ち

次の説明にあてはまるのは、象形文字、指事文字、会意文字、形声文字のいずれか、答えなさい。

□(1) 二つ以上の漢字を組み合わせて、別の意味を表したもの。
□(2) 物の形をかたどって作ったもの。
□(3) 二つの文字を合わせ、一方が意味、一方が音《おん》を表したもの。
□(4) 物事を、点や線の記号を使って指し示したもの。

2 漢字の部首

次の漢字の組に共通する部首名を答えなさい。

□(1) 村　材　机
□(2) 制　刻　刷
□(3) 草　菜　葉
□(4) 思　志　悪
□(5) 追　退　述
□(6) 庁　店　底
□(7) 間　関　閣
□(8) 複　補　袖

3 部首の意味

次の漢字の部首の意味をあとのア～コから選び、記号で答えなさい。

□(1) 河　□(2) 徒　□(3) 照　□(4) 被　□(5) 雷
□(6) 原　□(7) 痛　□(8) 獲　□(9) 快　□(10) 者

ア 心　イ 衣服　ウ 水　エ 病気　オ 老人
カ 火　キ 雨　ク 行く・道　ケ けもの　コ がけ・岩

答

1
(1) 会意文字
(2) 象形文字
(3) 形声文字
(4) 指事文字

2
(1) きへん
(2) りっとう
(3) くさかんむり
(4) こころ
(5) しんにょう(しんにゅう)
(6) まだれ
(7) もんがまえ
(8) ころもへん

3
(1) ウ
(2) ク
(3) カ
(4) イ
(5) キ
(6) コ
(7) エ
(8) ケ
(9) ア
(10) オ

基礎問題

▼答え 別冊 p.2

1

〈漢字の成り立ち〉

次の各組の漢字は、共通してア～エのどれにあたるか、記号で答えなさい。

(1) 三 天 本 下 末 [　　]

(2) 母 豆 飛 舌 卵 [　　]

(3) 花 係 姉 導 源 [　　]

(4) 男 森 名 位 曇 [　　]

ア 象形文字　**イ** 指事文字　**ウ** 会意文字

エ 形声文字

2

〈漢字の成り立ち〉

次の文は、ある漢字の成り立ちを説明したものである。□にあてはまる漢字を答えなさい。 ミス注意

(1) □は、まっすぐに立てた筆を表す「聿」と、のびることを表す「廴」を合わせた会意文字。たてる意味を表す。 [　　]

(2) 形声文字。「北」が、二人の人がせなかを合わせている形で、「ハイ」という音を示す。「月」は体・肉の意味。□でせなか、そむく意味を表す。 [　　]

(3) □は、下図のような、穀物《こくもつ》をふるいにかけてよいものを選び出す道具をかたどった象形文字。よいものを選ぶ意味から、よいことを表す。 [　　]

3

〈漢字の部首〉

次の漢字の部首名を答えなさい。 重要

(1) 陽 [　　]　(2) 衛 [　　]

(3) 頂 [　　]　(4) 厚 [　　]

(5) 登 [　　]　(6) 肥 [　　]

4

〈漢字の部首〉

次にあげる漢字の部分に共通して付けられる部首名を答えなさい。

(1) ム 言 本 也 弋 [　　]

(2) 斗 多 火 必 呈 [　　]

(3) ム 丁 予 占 廷 [　　]

(4) 大 寸 玉 古 巻 [　　]

(5) 交 君 者 牙 音 [　　]

ヒント

3 (6)「つきへん」と「にくづき」をまちがえないこと。

4 (1)(2)は「へん」、(3)は「たれ」、(4)は「かまえ」、(5)は「つくり」から答える。

実力アップ問題

◎制限時間 20分　◎合格点 80点　▼答え 別冊p.2

点

1

次の二つの漢字を組み合わせて、一つの漢字を作りなさい。〈2点×10〉

(1) 自＋心　(2) 王＋里　(3) 弓＋長

(4) 口＋貝　(5) 土＋成　(6) 身＋寸

(7) 日＋青　(8) 木＋目　(9) 金＋失

(10) 馬＋尺

(1)	(2)	(3)	(4)	(5)
(6)	(7)	(8)	(9)	(10)

2

次の音読みの漢字にするためには、〔　〕内の各部首にどんな共通した部分を付ければよいか書きなさい。〈2点×5〉

(1) ケイ〔亻 糸 車〕　(2) コウ〔木 阝 力〕

(3) フク〔礻 月 亻〕　(4) ケン〔刂 馬 木〕

(5) テキ〔攵 氵 扌〕

(1)	(2)	(3)	(4)	(5)

3

次のそれぞれの漢字について、音を表す部分をaに、意味を表す部分をbに書きなさい。〈2点×10〉

(1) 府　(2) 響　(3) 脚　(4) 囲　(5) 霜

(6) 源　(7) 省　(8) 疲　(9) 糧　(10) 障

	(1)	(2)	(3)	(4)	(5)	(6)	(7)	(8)	(9)	(10)
a										
b										

4

次の漢字に共通して付けられる、下の〔　〕に示した部首を書きなさい。〈2点×10〉

(1) 貫 生 布 毎 昔〔へん〕

(2) 者 正 周 売 志〔へん〕

(3) 合 責 冬 氏 己〔へん〕

(4) 川 客 令 原 予〔つくり〕

(5) 古 求 正 方 工〔つくり〕

(6) 早 楽 化 采 何〔かんむり〕

(7) 斤 刀 反 束 軍〔にょう〕

(8) 分 成 次 明 般 〔あし〕
(9) 皮 丙 矢 豆 正 〔たれ〕
(10) 日 各 木 伐 兑 〔かまえ〕

(1)	(6)
(2)	(7)
(3)	(8)
(4)	(9)
(5)	(10)

5

次の各組の漢字で共通する部分と、〔　　〕内の部首とを組み合わせた漢字を一つ書きなさい。〈2点×5〉

(1) 験 険 〔りっとう〕
(2) 泊 舶 〔しんにょう〕
(3) 福 幅 〔うかんむり〕
(4) 軍 連 〔まだれ〕
(5) 裂 例 〔れんが・れっか〕

(1)
(2)
(3)
(4)
(5)

6

次のそれぞれの漢字または漢字の部分を、例にならって組み合わせ、二字熟語を書きなさい。〈2点×5〉

(例) 予 王 里 求 → 野球

(1) 牛 木 直 勿
(2) 咸 毎 攵 心
(3) 各 足 圣 糸
(4) 正 扌 言 処
(5) 去 貝 氵 刂

7

次のそれぞれの漢字または漢字の部分に、共通する部首をあとの中から選び、例にならって二字熟語を書きなさい。〈2点×5〉

(例) 早 化 → 草花 （くさかんむり「艹」を補う。）

(1) 甬 咼
(2) 倉 干
(3) 炎 舌
(4) 令 東
(5) 任 代

貝（かい）　言（ごんべん）　辶（しんにょう）
冫（にすい）　刂（りっとう）

(1)	(4)
(2)	(5)
(3)	

(1)	(4)
(2)	(5)
(3)	

② 漢字の音と訓

重要ポイント

① 漢字の読み

□漢字の読み方には、**音《おん》（音読み）**と**訓《くん》（訓読み）**とがある。音とは中国での発音に似せた読み方のことをいい、訓とは漢字のもっている意味を日本の言葉にあてはめた読みのことをいう。

例 高 ｛音読み→コウ　＝中国の発音に似せた読み方。
　　　 訓読み→たか（い）＝意味を日本の言葉にあてはめた読み方。

② 訓のない漢字

□漢字の中には、その意味を表す日本の言葉がないなどの理由で、訓のないものがある。

例 愛 ｛音読み→アイ　…音がそのまま意味を表すようになった。
　　　 訓読み→――

③ 音のない漢字

□常用漢字表に音が載っていない漢字（国字を除く）が少しある。

例 皿 ｛音読み→――（常用漢字表外では「ベイ」という読みがある。）
　　　 訓読み→さら

テストではココがねらわれる

◉**訓のない漢字**

常用漢字表に訓が載っていないものを含《ふく》めると、訓のない漢字の数は多い。その中でとくに、訓読みとまぎらわしい音読みに注意しよう。

□愛《アイ》　案《アン》　胃《イ》　域《イキ》　液《エキ》　駅《エキ》　王《オウ》　億《オク》
恩《オン》　害《ガイ》　官《カン》　缶《カン》　菊《キク》　局《キョク》　菌《キン》　銀《ギン》
句《ク》　軍《グン》　芸《ゲイ》　劇《ゲキ》　券《ケン》　柵《サク》　策《サク》　式《シキ》
軸《ジク》　術《ジュツ》　順《ジュン》　芯《シン》　税《ゼイ》　席《セキ》　栓《セン》　膳《ゼン》
像《ゾウ》　台《ダイ》　地《チ・ジ》　字《ジ》　腸《チョウ》　鉄《テツ》　点《テン》　胴《ドウ》
銅《ドウ》　肉《ニク》　脳《ノウ》　肺《ハイ》　鉢《ハチ》　罰《バツ》　班《ハン》　番《バン》
晩《バン》　棒《ボウ》　僕《ボク》　盆《ボン》　蜜《ミツ》　脈《ミャク》　麺《メン》　厄《ヤク》
欄《ラン》　陸《リク》　礼《レイ》　列《レツ》

◉**音のない漢字**

常用漢字表に音が載っていない漢字には、次のようなものがある。音読みとまちがえないようにしよう。

④国字《こくじ》

漢字の作り方にしたがって、日本で新しく作られた漢字を**国字**という。日本で作られたため、もともとの音はない。常用漢字表の中には少ない。

例 □峠(とうげ)　□込(こ-む)　□畑(はた・はたけ)　□枠(わく)
□働(ドウ・はたら-く)

※「働」は、国字の中で音・訓両方の読みを持つ、ただ一つの例外である。

⑤二つ以上の音をもつ漢字

同じ漢字でも、中国から伝わってきた時代や地方のちがい、また日本で別の音に読み慣らわされたなどの理由で、二つ以上の音読みをもつ漢字がある。

例 行
□①コウ(行動・実行)=**漢音**《かんおん》
□②ギョウ(行列・興行)=**呉音**《ごおん》
□③アン(行脚《ぎゃ》)=**唐音**《とうおん》

例 守
□①シュ(守備)
□②ス(留守)
=**慣用音**《かんようおん》(日本で読み慣らわされた読み方)

⑥二字の熟語の読み

ふつう二字熟語を読むときは、音は音どうし、訓は訓どうしで読む。しかし、中には音と訓が混ざって読むものがある。

□①音+音　例 山野《サンヤ》　清流《セイリュウ》
□②訓+訓　例 雨風《あめかぜ》　霜柱《しもばしら》
□③音+訓　例 客間《キャクま》　毎朝《マイあさ》=**重箱読み**《ジュウばこ》
□④訓+音　例 荷物《にモツ》　手本《てホン》=**湯桶読み**《ゆトウ》

□芋《いも》　唄《うた》　浦《うら》　岡《おか》　俺《おれ》　貝《かい》　垣《かき》　柿《かき》　釜《かま》
鎌《かま》　株《かぶ》　熊《くま》　桁《けた》　乞《こ》う　駒《こま》　崎《さき》　咲《さ》く
皿《さら》　杉《すぎ》　滝《たき》　届《とど》ける　栃《とち》　梨《なし》　謎《なぞ》　鍋《なべ》
膝《ひざ》　肘《ひじ》　箱《はこ》　姫《ひめ》　頬《ほお》　娘《むすめ》

◉二つ以上の音をもつ漢字

二つ以上の音読みがあるものでは、とくに訓読みとまちがいやすい読みに注意する。

□音(オン・イン)　□家(カ・ケ)
□画(ガ・カク)　□絵(カイ・エ)
□気(キ・ケ)　□吉(キチ・キツ)
□御(ギョ・ゴ)　□客(キャク・カク)
□京(キョウ・ケイ)　□強(キョウ・ゴウ)
□元(ゲン・ガン)　□口(コウ・ク)
□甲(コウ・カン)　□雑(ザツ・ゾウ)
□柔(ジュウ・ニュウ)
□色(ショク・シキ)　□対(タイ・ツイ)
□内(ナイ・ダイ)　□発(ハツ・ホツ)
□幕(マク・バク)　□模(モ・ボ)

重要ポイント確認問題

1 漢字の読み

次の漢字の（　）内の読みは、音読み、訓読みのいずれかを答えなさい。

□(1) 高（こう）　□(2) 愛（あい）　□(3) 畑（はたけ）
□(4) 行（ぎょう）　□(5) 胃（い）　□(6) 考（かんが）える
□(7) 晩（ばん）　□(8) 杉（すぎ）　□(9) 荷（に）
□(10) 間（ま）　□(11) 峠（とうげ）　□(12) 駅（えき）

2 二つ以上の音をもつ漢字

次の熟語の読みをひらがなで答えなさい。

□(1) 行動・行事・行脚　□(2) 家事・家来
□(3) 大吉・不吉　□(4) 留守・攻守
□(5) 柔軟・柔和　□(6) 合意・合戦・合体
□(7) 兄弟・師弟・弟子　□(8) 流星・明星

3 二字の熟語の読み

次の熟語の読みの組み合わせをア～エから選び、記号で答えなさい。

□(1) 雨風　□(2) 清流　□(3) 手本　□(4) 客間　□(5) 風雨
□(6) 台所　□(7) 着席　□(8) 火種　□(9) 場所　□(10) 赤字

ア 音読み＋音読み　イ 訓読み＋訓読み
ウ 音読み＋訓読み（重箱読み）　エ 訓読み＋音読み（湯桶読み）

答

1
(1) 音読み　(2) 音読み　(3) 訓読み
(4) 音読み　(5) 音読み　(6) 訓読み
(7) 音読み　(8) 訓読み　(9) 訓読み
(10) 訓読み　(11) 訓読み　(12) 音読み

2
(1) こうどう・ぎょうじ・あんぎゃ
(2) かじ・けらい
(3) だいきち・ふきつ
(4) るす・こうしゅ
(5) じゅうなん・にゅうわ
(6) ごうい・かっせん・がったい
(7) きょうだい・していでし
(8) りゅうせい・みょうじょう

3
(1) イ　(2) ア　(3) エ　(4) ウ　(5) ア
(6) ウ　(7) ア　(8) イ　(9) エ　(10) エ

基礎問題

▼答え 別冊 p.3

1 〈漢字の音と訓〉

次の漢字で、音読みしかないものはA、訓読みしかないものはB、両方あるものはCの記号で答えなさい。

(1) 狩 〔　　〕
(2) 劇 〔　　〕
(3) 珍 〔　　〕
(4) 滝 〔　　〕
(5) 百 〔　　〕
(6) 箱 〔　　〕
(7) 目 〔　　〕
(8) 皿 〔　　〕
(9) 僕 〔　　〕
(10) 絵 〔　　〕

2 〈漢字の音読み〉

次の漢字の音読みをひらがなで、すべて答えなさい。

(1) 右 〔　　〕
(2) 月 〔　　〕
(3) 子 〔　　〕
(4) 自 〔　　〕
(5) 豆 〔　　〕
(6) 拍 〔　　〕

3 〈漢字の訓読み〉

次の漢字の訓読みをひらがなで、すべて答えなさい。送りがなが必要な場合は送りがなも含めて答えること(送りがなのみが異なる場合はひとつでよい)。

(1) 魚 〔　　〕
(2) 栄 〔　　〕
(3) 音 〔　　〕
(4) 直 〔　　〕
(5) 供 〔　　〕
(6) 幸 〔　　〕

ヒント

1 音読みか訓読みかまぎらわしいものに注意。
2 (1)～(6)それぞれ二つずつある。
3 (1)～(5)がそれぞれ二つ、(6)が三つある。
答えがわからなかったら、漢字辞典などで確認《かくにん》しよう。

実力アップ問題

◎制限時間20分　◎合格点80点　▼答え　別冊p.3

点

1

次の漢字の音読みをひらがなで答えなさい。〈2点×5〉

(1) 眺　(2) 型　(3) 尋　(4) 迎　(5) 認

(1)	(2)	(3)	(4)	(5)

2

次の漢字の訓読みを答えなさい。〈2点×5〉

(1) 朗らか　(2) 敗れる　(3) 推す　(4) 頂く　(5) 健やか

(1)	(2)	(3)	(4)	(5)

3

次の熟語の読みと、——線部の漢字の訓読みを、下の送りがなに合うように答えなさい。〈3点×5〉

(1) 危険　(2) 裁判　(3) 激励　(4) 沈黙　(5) 探求

(1)	(2)	(3)	(4)	(5)
しい	く	しい	る	す

4

次の熟語の——線部の読みを答えなさい。〈2点×8〉

(1) a 証拠　b 根拠

(2) a 都会　b 都合

(3) a 児童　b 小児

(4) a 重要　b 重宝

(5) a 一切　b 大切

(6) a 武者　b 武士

(7) a 光明　b 鮮明

(8) a 作戦　b 作用

(1)	(2)	(3)	(4)
a	a	a	a
b	b	b	b

(5)	(7)
a	a
b	b

(6)	(8)
a	a
b	b

5 矢印の方向につなげば二字熟語が完成するように、□に入る適当な漢字を答えなさい。〈3点×6〉

(1)
祖
↑
素 ← □ → 気
↓
日

(2)
文
↓
道 → □ → 粧
↓
学

(3)
大
↓
船 ← □ → 業
↓
師

(4)
菓
↓
扇 → □ ← 調
↓
孫

(5)
反
↓
帰 → □ → 略
↓
力

(6)
公
↓
不 → □ → 等
↓
常

(1)	(6)
(2)	
(3)	
(4)	
(5)	

6 次の熟語の読みをそれぞれ二通り答えなさい。〈3点×5〉

(1) 色紙
(2) 人事
(3) 見物
(4) 中日
(5) 初春

(1)	(2)	(3)	(4)	(5)

7 次の熟語について、(A)重箱読みか、(B)湯桶《ゆとう》読みか、それぞれ記号で答えなさい。〈2点×8〉

(1) 番組
(2) 夕刊
(3) 指図
(4) 屋号
(5) 家賃
(6) 幕内
(7) 絵筆
(8) 人質

(1)	(6)
(2)	(7)
(3)	(8)
(4)	
(5)	

3 同音異字・同訓異字

重要ポイント

① 同《どう》音《おん》異《い》字《じ》

異なる漢字で、音読みが同じものどうしを、同音異字という。それぞれ意味・用法は異なる。

例 □カイ
- **回**（回転）　**海**（海外）　**開**（開幕）
- **会**（会計）　**界**（世界）　**階**（階段）
- **快**（快晴）　**壊**（破壊）　**解**（解散）
- **改**（改革）　**絵**（絵画）　**怪**（怪物）

② 同《どう》訓《くん》異《い》字《じ》

異なる漢字で、訓読みが同じものどうしを、同訓異字という。意味・用法が似ていたり、共通する部分があるものがある。

例 □あつい
- ① ことしの夏は　**暑い**。
- ② おふろの湯が　**熱い**。
- ③ その本は　**厚い**。

テストではココがねらわれる

◉送りがなに注意する同訓異字

同訓異字は、意味が似ているので区別しにくいものが多いだけでなく、送りがなが異なるものもあるので注意する。

□おさえる
- 怒《いか》りを抑**える**。
- 戸を押**さえる**。

□ふるう
- 勇気を奮**う**。
- 腕《うで》を振**るう**。

□わかれる
- 友と別**れる**。
- 枝が分**かれる**。

□おこる
- 産業が興**る**。
- 事件が起**こる**。

◉同音で同訓の漢字

漢字の中には、音読みも訓読みも同じものがあるので、それぞれの字の意味をしっかりつかんでおくことが大切である。

③同訓異字の使い分け

同訓異字は意味・用法が似ているものがあるため、どの漢字を使ったらよいか判断しにくいことがある。まずは、前後の文章から意味をとらえ、その意味にあたる**二字熟語を考えて使い分ける**とよい。

例 □あらわす
- ①小説をあらわす。→ **著作** → **著す**
- ②姿をあらわす。→ **出現** → **現す**
- ③言葉にあらわす。→ **表明** → **表す**

④似形異字《じけいいじ》

異なる字ではあるが、形が似ている漢字どうしを、**似形異字**という。似形異字には、音読みが同じで意味が異なるもの（同音異字）と、音読みも意味も異なるものとがある。

○**音読みが同じ（同音異字）の似形異字**

例 □ケイ
- **径**（半径）
- **経**（経済）
- **軽**（軽快）
- **茎**（地下茎）

□セイ
- **清**（清流）
- **晴**（晴天）
- **精**（精神）
- **静**（静止）

○**音読みが異なる似形異字**

例 □
- **縁**（エン）……遠縁
- **緑**（リョク）……新緑
- **録**（ロク）……記録

□
- **場**（ジョウ）……劇場
- **湯**（トウ）……銭湯
- **腸**（チョウ）……大腸

□**〈エイ・はえる〉**
- **映**―ものにうつる……映写
- **栄**―さかえる……繁《はん》栄

□**〈シュウ・おさめる〉**
- **収**―受け取る……収入
- **修**―身につける……修学

□**〈シ・さす〉**
- **指**―ゆびさす……指示
- **刺**―つき通す……刺殺

□**〈チン・しずめる〉**
- **沈**―水の中に入れる……沈没《ぼつ》
- **鎮**―落ち着かせる……鎮圧

□**〈キョウ・とも〉**
- **共**―いっしょ……共学
- **供**―あたえる・おとも……供出

□**〈チュウ・なか〉**
- **仲**―人と人との間……仲介
- **中**―物と物との間……中断

重要ポイント確認問題

1 同音異字

次の熟語の太字のカタカナにあてはまる漢字をあとから選んで答えなさい。漢字はすべて一回ずつ選ぶこと。

- (1) カイ晴
- (2) カイ段
- (3) カイ外
- (4) 破カイ
- (5) カイ革
- (6) 世カイ
- (7) カイ転
- (8) カイ画
- (9) カイ物
- (10) カイ散
- (11) カイ幕
- (12) カイ計

回　海　開　会　界　階　快　壊　解　改　絵　怪

2 同訓異字

次の——線部にあてはまる漢字をあとから選んで答えなさい。

- (1) あついお茶が飲みたい。
- (2) あついとびらに閉ざされている。
- (3) 暖房《だんぼう》が効きすぎてあつい。
- (4) 文学の研究書をあらわした。
- (5) 怒《いか》りを表情にあらわす。
- (6) 変装を解いて正体をあらわす。

暑　熱　厚　著　現　表

3 似形異字

次の熟語の太字のカタカナにあてはまる漢字をあとから選んで答えなさい。

- (1) ケイ快
- (2) 地下ケイ
- (3) 半ケイ
- (4) ケイ済
- (5) セイ神
- (6) セイ止
- (7) セイ流
- (8) セイ天
- (9) 記ロク
- (10) 遠エン
- (11) 新リョク

径　経　軽　茎　清　晴　精　静　縁　緑　録

答

1
(1) 快　(2) 階　(3) 海　(4) 壊　(5) 改　(6) 界　(7) 回　(8) 絵　(9) 怪　(10) 解　(11) 開　(12) 会

2
(1) 熱　(2) 厚　(3) 暑　(4) 著　(5) 表　(6) 現

3
(1) 軽　(2) 茎　(3) 径　(4) 経　(5) 精　(6) 静　(7) 清　(8) 晴　(9) 録　(10) 縁　(11) 緑

基礎問題

▼答え 別冊 p.4

1

〈同音異字〉

次の熟語の——線部の漢字と、カタカナの部分に同じ漢字を含《ふく》むものをア〜ウから選び、記号で答えなさい。 重要

(1) 営業
ア 人工**エイセイ**を発射する。
イ 軍隊の**シュクエイ**地。
ウ ふるさとの**ハンエイ**を願う。
［　　］

(2) 大衆
ア **カンシュウ**の拍手が鳴り響《ひび》く。
イ 計算に**シュウジュク**する。
ウ 会社に**シュウショク**する。
［　　］

(3) 創造
ア 友人の気持ちを**ソウゾウ**する。
イ 会員の**ソウイ**を反映する。
ウ もっと**ソウイ**工夫《くふう》が必要だ。
［　　］

(4) 批判
ア 西洋と東洋を**タイヒ**する。
イ 石油の**ショウヒ**量が増える。
ウ 小説を**ヒヒョウ**する。
［　　］

2

〈同訓異字〉

次の——線部の漢字と、太字のカタカナの部分が同じ漢字になるものをア〜ウから選び、記号で答えなさい。 重要

(1) 明ける
ア ふすまを**ア**ける。
イ 夜が**ア**ける。
ウ 旅行で家を**ア**ける。
［　　］

(2) 代える
ア 新学期に席を**カ**える。
イ 髪形《かみがた》を**カ**える。
ウ 委員長を**カ**える。
［　　］

(3) 写す
ア 詩の一節をノートに**ウツ**す。
イ 机の上の物を床《ゆか》に**ウツ**す。
ウ 鏡に顔を**ウツ**す。
［　　］

(4) 指す
ア 朝日が**サ**し込《こ》む。
イ 針は一時を**サ**している。
ウ 蜂《はち》に**サ**された。
［　　］

ヒント

2 選択肢《せんたくし》の内容を熟語におきかえてみよう。同訓異字は数が限られているので、この章で十分に練習して、おもなものを覚えてしまおう。

実力アップ問題

◎制限時間20分　◎合格点80点　▼答え　別冊p.4

点

1

次の各組のa～dの太字のカタカナの部分にあたる漢字を（　）から選び、答えなさい。〈2点×16〉

(1)（以・衣・位・囲・医・委・異）

a **イ**員に選ばれる。　b **イ**服を着替《きが》える。

c 周**イ**が三メートルの木。　d 現在の**イ**置を知らせる。

(2)（干・刊・完・官・巻・寒・間）

a 雑誌を創**カン**する。　b 圧**カン**の場面。

c 新館が**カン**成する。　d 家と駅の中**カン**の場所。

(3)（共・供・協・胸・強・教・境）

a 人が**キョウ**力する。　b 隣《となり》との**キョウ**界線。

c **キョウ**固な意志。　d みんなの**キョウ**有の財産。

(4)（招・紹・掌・証・傷・照・障）

a 事故で負**ショウ**する。　b 友だちを**ショウ**介する。

c **ショウ**壁《へき》を取り除く。　d 法廷《ほうてい》で**ショウ**言する。

	a	b	c	d
(1)				
(2)				
(3)				
(4)				

2

次の――線部のひらがなにあたる漢字を、あとから選んで答えなさい。〈2点×16〉

(1) a 鳥がなく。　b 子どもがなく。

(2) a けがをなおす。　b 故障をなおす。

(3) a 旅館にとまる。　b 電車がとまる。

(4) a 熱湯をさます。　b 目をさます。

(5) a 会社につとめる。　b 勉学につとめる。

(6) a ふすまがやぶれる。　b 試合にやぶれる。

(7) a 校舎がたつ。　b 看板がたつ。

(8) a 帯をしめる。　b 窓をしめる。

泣　鳴　直　治　留　泊　止　冷　覚　努　務　勤　破

敗　断　立　建　占　閉　締

	a	b
(1)		
(2)		
(3)		
(4)		
(5)		
(6)		
(7)		
(8)		

3

上の漢字と、同じ訓読みをする（　）にあたる漢字とを組み合わせてできる二字熟語を、例にならって答えなさい。〈2点×10〉

（例）会う・（　）う→会合

(1) 温かい・（　）かい　(2) 下りる・（　）りる

(3) 上る・（　）る　(4) 早い・（　）い

(5) 測る・（　）る　(6) 代える・（　）える

(7) 映す・（　）す　(8) 断つ・（　）つ

(9) 打つ・（　）つ　(10) 勤める・（　）める

(1)	(2)	(3)

(4)	(5)	(6)

(7)	(8)	(9)

(10)

4

次の文の太字のカタカナの部分にあたる漢字を、ア〜ウから選び、記号で答えなさい。〈2点×8〉

(1) 規**ソク**を守る。

ア 則　**イ** 測　**ウ** 側

(2) よい成**セキ**である。

ア 責　**イ** 績　**ウ** 積

(3) **ケイ**率な振《ふ》る舞《ま》い。

ア 径　**イ** 経　**ウ** 軽

(4) 危**ケン**な場所。

ア 倹　**イ** 険　**ウ** 験

(5) 大いに期**タイ**する。

ア 持　**イ** 待　**ウ** 特

(6) 銭**トウ**に出かける。

ア 湯　**イ** 場　**ウ** 腸

(7) **セツ**備を整える。

ア 役　**イ** 没　**ウ** 設

(8) 取**シャ**選択《せんたく》をする。

ア 拾　**イ** 招　**ウ** 捨

(1)	(2)	(3)	(4)	(5)

(6)	(7)	(8)

④ 漢語の組み立て

重要ポイント

① 一字の漢語《かんご》

一字の漢語としては、次のような場合に使われる。

□ ① 単独の語として**名詞**になるもの。

例 父母の愛　駅に着く　額を掲《かか》げる　王が位につく　銀の食器

□ ② 活用語尾《ごび》をつけて**動詞・形容動詞**となるもの。

例 愛する　信じる　感ずる　生じる　……動詞
急だ　変だ　妙《みょう》だ　別だ　……形容動詞

□ ③ 助詞・助動詞を付けて**副詞・連体詞**となるもの。

例 現《げん》に　特に　決して　概《がい》して　……副詞
単なる　例の　実の　……連体詞

② 二字の漢語（二字熟語《じゅくご》）

漢語の中で最もよく使われるもので、単独で使われる場合が多い。

□ ① 単独の語として使う。**名詞**および**形容動詞の語幹、副詞**となるもの。

例 読書　発表　演技　愉快《ゆかい》　全然　多分　結局　元来

□ ② ほかの語をつけて**複合語**を作るもの。

テストではココがねらわれる

◉ **上段以外の一字の漢語の例**

□ **[名詞]** 宴《えん》　縁《えん》　凶《きょう》　碁《ご》　紺《こん》　陣《じん》
僧《そう》　賊《ぞく》　尿《にょう》　鉢《はち》　瓶《びん》　盆《ぼん》

□ **[動詞]** 逸《いっ》する　介《かい》する　窮《きゅう》する
屈《くっ》する　察する　対する
排《はい》する　罰《ばっ》する　封《ふう》じる

□ **[副詞]** 暗《あん》に　一《いっ》に　陰《かげ》に　厳《げん》に
真《しん》に　切《せっ》に　総じて　大《たい》して
断じて

□ **[連体詞]** 確《かく》たる　当《とう》の

◉ **意味が変化する熟語**

対義の漢字を組み合わせたものでは、二つの漢字の両方の意味を表すのがふつうだが、一方の漢字の意味を表したり、別の意味を表したりするものがある。

□ 春秋《しゅんじゅう》＝一年。歳月《さいげつ》。年齢《ねんれい》。
□ 黒白《こくびゃく》＝物事のよしあし。

例 読書週間　演奏会場　謹賀新年《きんがしんねん》　日本国憲法
心配する　注意深い　順序だてる

③二字の漢語（二字熟語）の組み立て

□①意味が似ている二つの漢字が結びついたもの。
例 暗黒　永久　道路　墜落《ついらく》　墳墓《ふんぼ》　過失　暴露《ばくろ》　充当《じゅうとう》

□②意味が対《つい》になる二つの漢字が結びついたもの。
例 東西　硬軟　往復　吉凶《きっきょう》　巧拙《こうせつ》　勝敗　当落　進退

□③上と下の漢字が、修飾《しゅうしょく》・被修飾《ひしゅうしょく》の関係になるもの。
例 金塊《きんかい》（金の塊《かたまり》）　弱点（弱い点）　再会（再び会う）

□④上の漢字が動詞で、下の漢字が目的や対象を示すもの。
例 読書（書を読む）　求職（職を求める）　着席（席に着く）

□⑤上と下の漢字が、主・述の関係になるもの。
例 地震《じしん》（地が震《ふる》う）　日没《にちぼつ》（日が没する）　県立（県が立てる）

□⑥上に（打ち消しの語などの）接頭語の働きをする漢字が付くもの。
例 不順　無断　未明　非常　否決

□⑦下に接尾語の働きをする漢字が付くもの。
例 慢性《まんせい》　偶然《ぐうぜん》　風化　端的《たんてき》

□⑧同じ漢字を重ねたもの。
例 堂堂（堂々）　延延（延々）　脈脈（脈々）　少少（少々）

□⑨三字以上の熟語を省略したもの。
例 国連（国際連合）　特急（特別急行）　選管（選挙管理委員会）

□⑩一つ一つの漢字とは全く別の意味になるもの。
例 国家　作家　光陰《こういん》　風雪　物色　家庭　死力

□問答《もんどう》＝言い合う。議論。
□加減《かげん》＝物事の状態や程度。
□勝負＝勝ち負けを争う。試合。
□首尾《しゅび》＝ことの成り行きや結果。
□経緯《けいい》＝物事の筋道。いきさつ。
□異同＝異なっていること。
□多少＝すこし。いくらか。
□動静＝物事の動き・状態。

◉「不」と「無」、「非」と「無」のどちらにも付く漢字

□①「不」と「無」どちらにも付く漢字
不実・無実　不断・無断　不敵・無敵
不能・無能　不敗・無敗　不法・無法
不用・無用

□②「非」と「無」どちらにも付く漢字
非常・無常　非情・無情　非道・無道
非難・無難　非力・無力　非礼・無礼

重要ポイント確認問題

1 二字の漢語(二字熟語)の組み立て

(1) 次の熟語の組み立ては、あとのア~ケのどれにあたるか、記号で答えなさい。

□a 読書　□b 偶然《ぐうぜん》　□c 弱点　□d 過失　□e 特急
□f 日没《にちぼつ》　□g 無断　□h 往復　□i 少少

ア 意味が似ている二つの漢字が結びついたもの。
イ 意味が対になる二つの漢字が結びついたもの。
ウ 上と下の漢字が、修飾《しゅうしょく》・被修飾《ひしゅうしょく》の関係になるもの。
エ 上と下の漢字が、主・述の関係になるもの。
オ 下の字が上の動詞の対象を示すもの。
カ 接頭語の働きをする漢字が付くもの。
キ 接尾語の働きをする漢字が付くもの。
ク 同じ漢字を重ねたもの。
ケ 三字以上の熟語を省略したもの。

(2) 次の漢字に「不・無・未・非・否」のいずれかを付け、正しい熟語を作りなさい。複数作れるものはすべて答えなさい。

□a 明　□b 順　□c 力　□d 定　□e 常

(3) 次の漢字に「性・然・化・的」のいずれかを付け、正しい熟語を作りなさい。複数作れるものはすべて答えなさい。

□a 端　□b 悪　□c 慢　□d 公　□e 天

答

1

(1) a オ　b キ　c ウ　d ア　e ケ
f エ　g カ　h イ　i ク

(2) a 不明・無明《むみょう》・未明
b 不順
c 無力《むりょく》・非力《ひりき》
d 不定・未定・否定
e 無常・非常

(3) a 端然・端的
b 悪性・悪化
c 慢性
d 公然・公的
e 天性・天然

基礎問題

▼答え 別冊 p.5

1 〈一字の漢語〉

次の文が適切なものとなるよう、（　）にあてはまる漢字一字を、ア～オから選び、記号で答えなさい。

(1) 趣味《しゅみ》が（　）じて、お店まで出した。 [　　]
(2) （　）を左右にしてごまかす。 [　　]
(3) せっかくの話を聞きもらすなんて（　）だ。 [　　]
(4) （　）に君は約束を忘れているじゃないか。 [　　]
(5) （　）の本人が知らないとは驚《おどろ》いた。 [　　]

ア 現　イ 損　ウ 高　エ 当　オ 言

2 〈二字の漢語の組み立て〉

[　]内に漢字一字を入れ、(1)(2)にあてはまる熟語を作りなさい。

(1) 意味が似ている二つの漢字が結びついたもの。
a 増[　] b 永[　] c [　]等
(2) 意味が対《つい》になる二つの漢字が結びついたもの。
a 明[　] b [　]悪 c 多[　]

3 〈二字の漢語の組み立て〉

次の二字の漢語と同じ組み立てのものを、ア～ウから選び、記号で答えよ。 重要

(1) 握手《あくしゅ》 [　　]　(2) 雷鳴《らいめい》 [　　]
(3) 親友 [　　]　(4) 石器 [　　]
(5) 国営 [　　]　(6) 着陸 [　　]

ア 好物　イ 腹痛　ウ 犯罪

4 〈二字の漢語の組み立て〉

次の[　]に「不・無・未・非」のいずれかを入れ、下の意味に合う熟語を作りなさい。

(1) [　]熟……まだ成熟していないこと。
(2) [　]凡《ぼん》……平凡ではないこと。
(3) [　]快……快くないこと。
(4) [　]益……利益がないこと。

ヒント

2 いずれも複数の答えが考えられる。
3 熟語の意味を文の形におきかえて考えよう。

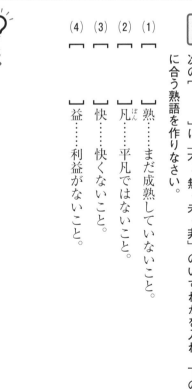

実力アップ問題

◎制限時間20分　◎合格点80点　▼答え　別冊p.5

点

1

次の二字熟語の組み立ては、あとのア〜キのどれにあたるか、記号で答えなさい。〈1点×14〉

(1) 否認《ひにん》　(2) 国立　(3) 真偽《しんぎ》　(4) 楽園　(5) 消失
(6) 匿名《とくめい》　(7) 遠景　(8) 濃厚《のうこう》　(9) 盛衰　(10) 最高
(11) 腹痛　(12) 未知　(13) 当然　(14) 乗車

ア　意味が似ている二つの漢字が結びついたもの。
イ　意味が対《つい》になる二つの漢字が結びついたもの。
ウ　上と下の漢字が、修飾《しゅうしょく》・被修飾《ひしゅうしょく》の関係になるもの。
エ　上と下の漢字が、主・述の関係になるもの。
オ　下の字が上の動詞の目的や対象を示すもの。
カ　接頭語の働きをする漢字が付くもの。
キ　接尾語の働きをする漢字が付くもの。

(1)	(2)	(3)	(4)	(5)
(6)	**(7)**	**(8)**	**(9)**	**(10)**
(11)	**(12)**	**(13)**	**(14)**	

2

次の二字熟語の組み立ては、(A)意味が似ている漢字どうし、(B)意味が対になる漢字どうしのいずれか、記号で答えなさい。〈2点×10〉

(1) 堅固《けんご》　(2) 攻防《こうぼう》　(3) 返還《へんかん》　(4) 継続《けいぞく》　(5) 屈伸《くっしん》
(6) 硬軟《こうなん》　(7) 緩急《かんきゅう》　(8) 繁茂《はんも》　(9) 濃淡《のうたん》　(10) 滞在《たいざい》

(1)	(2)	(3)	(4)	(5)
(6)	**(7)**	**(8)**	**(9)**	**(10)**

3

次の意味上の組み立てになっている二字熟語を、あとから選んで答えなさい。〈4点×5〉

(1) 上と下の漢字が、修飾・被修飾の関係になるもの。
(2) 下の漢字と上の漢字とが、「〜を(に)〜する」の関係になるもの。
(3) 上と下の漢字が、主・述の関係になるもの。
(4) 三字以上の熟語を省略したもの。
(5) 一つ一つの漢字とは別の意味になるもの。

金貨　消息　雷鳴　外遊　学割　借金　特急
晩秋　増税　国選

(1) (2) (3) (4) (5)

4

次の各組の二字熟語で、上の熟語と同じ組み立てのものをア～エから選び、記号で答えなさい。〈2点×7〉

(1) 打撃《だげき》　ア 最良　イ 国民　ウ 無限　エ 墜落《ついらく》
(2) 読書　ア 暴露《ばくろ》　イ 囲碁《いご》　ウ 強化　エ 市立
(3) 無縁　ア 弱点　イ 急性　ウ 未熟　エ 水滴《すいてき》
(4) 日没《にちぼつ》　ア 地震《じしん》　イ 道路　ウ 書画　エ 月光
(5) 外界　ア 作文　イ 不調　ウ 価値　エ 廉価《れんか》
(6) 知性　ア 本来　イ 美醜《びしゅう》　ウ 自然　エ 無限
(7) 得失　ア 消灯　イ 好意　ウ 瞬間《しゅんかん》　エ 難易

(1) (2) (3) (4) (5) (6) (7)

5

次の漢字の上に、「不・非・未・無・否」のいずれかを付けて、二字熟語を作りなさい。〈2点×8〉

(1) 足　(2) 開　(3) 欲　(4) 穏　(5) 了　(6) 認　(7) 番　(8) 料

(1) (2) (3) (4) (5) (6) (7) (8)

6

次の漢字の下に、「的・性・化・然」のいずれかを付けて、二字熟語を作りなさい。〈2点×8〉

(1) 変　(2) 病　(3) 習　(4) 静　(5) 必　(6) 進　(7) 野　(8) 整

(1) (2) (3) (4) (5) (6) (7) (8)

5 類義語・対義語

重要ポイント

① 類義語《るいぎご》

言葉としては異なるが、意味が同じであるか、よく似ている語どうしを**類義語（同義語）**という。

例 □案外—意外　□永久—永遠　□欠点—短所　□向上—進歩
□倹約《けんやく》—節約　□同意—賛成　□興味—関心　□自己—自分
□上《あ》がる—上《のぼ》る—登る　□切る—断《た》つ—裁《た》つ　□美しい—きれいだ

② 類義語の使い分け

類義語は、それぞれの意味や味わいに微妙《びみょう》なちがいがあることが多く、その文脈にふさわしい使い分けをすることが大切である。

例 □本日・今日
〔×本日／○今日〕はよく来てくれたね。
〔○本日／×今日〕はおいでいただき、ありがとうございます。

例 □天気・天候
〔○天気／○天候〕にめぐまれる。
雨が止んで〔○天気／×天候〕になった。
悪〔×天気／○天候〕　〔×天気／○天候〕不順

テストではココがねらわれる

◉ 数の多い類義語

類義語は二つだけとは限らない。数多くある語の使い分けは、とくに注意する。

□才覚—才能—技量—技能
□書物—書籍《しょせき》—図書—冊子
□礼儀《れいぎ》—儀礼—儀法—行儀
□進歩—向上—発展—発達—進展
□静養—休養—保養—養生—療養《りょうよう》
□思考—思慮《しりょ》—思想—考慮—所見
□大衆—民衆—衆人—人民
□丹念《たんねん》—入念—克明—丁寧《ていねい》
□風習—風俗《ふうぞく》—習慣—慣習

③ 対義語《たいぎご》

たがいに反対の意味をもつ語どうしを**反対語**といい、たがいに意味が対応していて一対《いっつい》になる語どうしを**対応語**という。この反対語と対応語を一つにまとめて**対義語**という。

例 □健康―病気……**反対語**　□兄―弟……**対応語**

④ 対義語の分類

対義語を構成する漢字から五つの組み立てに分類できる。

(1) 上の一字だけが反対(対応)になっているもの。

□悪意―善意　□鋭角《えいかく》―鈍角《どんかく》　□就任―解任　□進化―退化
□絶対―相対　□着陸―離陸《りりく》　□陰気《いんき》―陽気　□必然―偶然《ぐうぜん》

(2) 下の一字だけが反対(対応)になっているもの。

□食前―食後　□語幹―語尾　□全勝―全敗　□最高―最低
□移出―移入　□分母―分子　□善男―善女　□暴騰《ぼうとう》―暴落

(3) それぞれの字が反対(対応)になっているもの。

□利益―損失　□軽薄《けいはく》―重厚　□上昇《じょうしょう》―下降　□近接―遠隔《えんかく》
□拡大―縮小　□前進―後退　□延長―短縮　□真実―虚偽《きょぎ》

(4) 打ち消しの字「不・無・否・非」などを付けたもの。

□好況《こうきょう》―不況　□当番―非番　□必要―不要　□多勢―無勢
□事実―無実　□可決―否決　□肯定《こうてい》―否定　□便利―不便

(5) 全体として反対(対応)となっているもの。

□理想―現実　□特殊《とくしゅ》―一般《いっぱん》　□保守―革新　□賛成―反対
□原因―結果　□戦争―平和

◉対義語に使われる漢字

対義語には、相対する意味の漢字が使われることが多い。これらの漢字の知識が対義語の理解の基本となる。

□主―客　□諾―否　□浮―沈
□売―買　□得―失　□難―易
□乾―湿　□授―受　□順―逆
□捨―拾　□攻―守　□存―廃
□続―断　□伸―縮　□開―閉
□寒―暖　□愛―憎　□新―旧
□危―安　□粗―精　□急―緩
□美―醜　□優―劣　□剛―柔
□鋭―鈍　□富―貧　□尊―卑
□栄―枯

重要ポイント確認問題

1 類義語

次の語の類義語を答えなさい。

□(1) 永久　□(2) 欠点　□(3) 案外　□(4) 節約　□(5) 同意
□(6) 興味　□(7) 自己　□(8) 上《のぼ》る　□(9) 切る　□(10) 美しい

2 対義語

次の語の対義語を答えなさい。

□(1) 悪意　□(2) 絶対　□(3) 最高　□(4) 分母　□(5) 延長
□(6) 利益　□(7) 可決　□(8) 肯定《こうてい》　□(9) 特殊《とくしゅ》　□(10) 原因

3 対義語の分類

次の対義語の組み立てはア～オのどれにあたるか、記号で答えなさい。

□(1) 必要―不要　□(2) 賛成―反対　□(3) 進化―退化
□(4) 前進―後退　□(5) 分母―分子

ア 上の一字だけが反対(対応)になっているもの。
イ 下の一字だけが反対(対応)になっているもの。
ウ それぞれの字が反対(対応)になっているもの。
エ 打ち消しの字「不・無・否・非」などを付けたもの。
オ 全体として反対(対応)となっているもの。

答

1
(1) 永遠　(2) 短所　(3) 意外　(4) 倹約
(5) 賛成　(6) 関心　(7) 自分
(8) 上がる・登る　(9) 断つ・裁つ
(10) きれいだ

2
(1) 善意　(2) 相対　(3) 最低　(4) 分子
(5) 短縮　(6) 損失　(7) 否決　(8) 否定
(9) 一般　(10) 結果

3
(1) エ　(2) オ　(3) ア　(4) ウ　(5) イ

基礎問題

▼答え 別冊p.5

1 〈類義語〉
次の語の類義語として適当なものをア～コから選び、記号で答えなさい。国語辞典で調べてもよい。

(1) 風潮［　］　(2) 寄与《きよ》［　］
(3) 便利［　］　(4) 簡単［　］
(5) 裕福《ゆうふく》［　］　(6) 材料［　］
(7) 残念［　］　(8) 有名［　］
(9) 沈着《ちんちゃく》［　］　(10) 熟読［　］

ア 遺憾《いかん》　イ 容易　ウ 貢献《こうけん》　エ 精読　オ 重宝
カ 著名　キ 冷静　ク 傾向《けいこう》　ケ 富裕　コ 原料

2 〈対義語〉
次の語の対義語として適当なものをア～コから選び、記号で答えなさい。国語辞典で調べてもよい。重要

(1) 黒字［　］　(2) 敏感《びんかん》［　］
(3) 権利［　］　(4) 理性［　］
(5) 慎重《しんちょう》［　］　(6) 華美《かび》［　］
(7) 革新［　］　(8) 下品［　］
(9) 整然［　］　(10) 被害《ひがい》［　］

ア 軽率《けいそつ》　イ 上品　ウ 雑然　エ 感情　オ 鈍感《どんかん》
カ 赤字　キ 義務　ク 加害　ケ 保守　コ 質素

3 〈類義語の使い分け〉
次の文の（　）に適当なのはアとイのどちらか、記号で答えなさい。

(1) 帰りが遅《おそ》くて母に（ア 不安　イ 心配）をかける。［　］
(2) 山の上の空気はとても（ア きれいだ　イ 美しい）。［　］
(3) 食べ終えた食器を自分で（ア 下げる　イ 下ろす）。［　］
(4) 日本は（ア 自然　イ 天然）資源に乏《とぼ》しい国だ。［　］
(5) 父は声が大きいことで（ア 著名　イ 有名）だ。［　］

ヒント
1 2 いずれもよく出題される語。この機会に覚えてしまおう。
3 文全体で考え、より自然な方を選ぶ。

実力アップ問題

◎制限時間20分　◎合格点80点　▼答え　別冊p.6

点

1 次の語の類義語として適当なものをア〜コから選び、記号で答えなさい。〈1点×10〉

(1) 看病　(2) 改革　(3) 完成　(4) 指図　(5) 説明
(6) 意見　(7) 用意　(8) 案件　(9) 季節　(10) 出世

ア 準備　イ 革新　ウ 立身　エ 解説　オ 指揮
カ 議案　キ 時候　ク 意向　ケ 完了《かんりょう》　コ 介抱《かいほう》

(1)	(6)
(2)	(7)
(3)	(8)
(4)	(9)
(5)	(10)

2 次の語の類義語を答えなさい。〈2点×10〉

(1) 去年　(2) 将来　(3) 天然　(4) 不作　(5) 拒絶
(6) 方法　(7) 利用　(8) 精進《しょうじん》　(9) 同意　(10) 志願

(1)	(4)	(7)
(2)	(5)	(8)
(3)	(6)	(9)
(10)		

3 次の各組の熟語で、類義語でないものをア〜オから選び、記号で答えなさい。〈2点×5〉

(1) ア 意見　イ 意味　ウ 見解　エ 意向　オ 所見
(2) ア 面会　イ 対面　ウ 会見　エ 面接　オ 見物
(3) ア 進路　イ 発展　ウ 発達　エ 進展　オ 進歩
(4) ア 援助《えんじょ》　イ 助力　ウ 先導　エ 救援　オ 加勢
(5) ア 回想　イ 回顧《かいこ》　ウ 追想　エ 追跡《ついせき》　オ 追憶《ついおく》

(1)
(2)
(3)
(4)
(5)

4 次の語の対義語として適当なものをア〜コから選び、記号で答えなさい。〈1点×10〉

(1) 合法　(2) 有限　(3) 太陽　(4) 叙事《じょじ》　(5) 歓喜《かんき》
(6) 反対　(7) 継続《けいぞく》　(8) 特殊《とくしゅ》　(9) 冷静　(10) 統一

ア 無限　イ 賛成　ウ 太陰《たいいん》　エ 分裂《ぶんれつ》　オ 違法《いほう》
カ 一般《いっぱん》　キ 断絶　ク 叙情　ケ 悲哀《ひあい》　コ 興奮

5 次の語の対義語を答えなさい。〈2点×10〉

(1) 最初　(2) 満腹　(3) 短所　(4) 単純　(5) 容易

(6) 間接　(7) 到着《とうちゃく》　(8) 可決　(9) 権利　(10) 生産

(1)	(2)	(3)	(4)	(5)

(6)	(7)	(8)	(9)	(10)

6 次のそれぞれの漢字の反対の意味の漢字を考え、その二つを組み合わせてできる二字熟語を答えなさい。〈3点×10〉

(1) 劣　(2) 授　(3) 禍　(4) 弔　(5) 衰　(6) 淡

(7) 緩　(8) 偽　(9) 往　(10) 伸

(1)	(2)	(3)

(4)	(5)	(6)

(7)	(8)	(9)

(10)

(1)	(2)	(3)

(4)	(5)	(6)

(7)	(8)	(9)

(10)

6 同音異義語・多義語

重要ポイント

① 同音異義語《どうおんいぎご》

音読みが同じで、意味の異なる二字以上の語を、**同音異義語**という。同音異字を組み合わせてできている熟語どうしのこと。

例 □コウエン
- **公演**……公開の場で劇などを演ずる。
- **公園**……多くの人のために作られた遊び場。
- **好演**……りっぱに演ずる。
- **後援**……後方から助ける。
- **講演**……多くの人に、一つの題目について話す。

② 同音異義語の区別

同音異義語を区別するには、前後の文脈からその語の意味を考える。

例 □コウエン
- 来月オペラのコウエンが行われる。→**公演**
- 子どもがコウエンで遊んでいる。→**公園**
- 彼《かれ》は難しい役をコウエンした。→**好演**
- 県のコウエンで絵画コンクールが開かれた。→**後援**
- 健康についてのコウエンを聞く。→**講演**

テストではココがねらわれる

◉意味の近い同音異義語

同音異義語の中には、共通する漢字が使われているなどして、意味が非常に近いものがある。これらは区別が難しく、細かな意味の違《ちが》いに注意する必要がある。（→p.126「必修問題 同音異義語」参照）

- □意思―意志　□異常―異状
- □異動―移動　□改定―改訂《かいてい》
- □回答―解答　□開放―解放
- □過程―課程　□観賞―鑑賞《かんしょう》
- □器械―機械　□既成《きせい》―既製
- □共同―協同　□好意―厚意《こうい》
- □交換《こうかん》―交歓《こうかん》　□最後―最期《さいご》
- □収拾―収集　□周知―衆知
- □進入―侵入《しんにゅう》　□精算―清算
- □即製《そくせい》―速成―促成《そくせい》
- □対称《たいしょう》―対象―対照　□体勢―態勢
- □追及《ついきゅう》―追求―追究　□特徴《とくちょう》―特長

③多義語《たぎご》

一つの語で、複数の意味・用法をもつものを、**多義語**という。

例 □投げる
- ①物を空中にほうる。…ボールを投げる。
- ②技をかけて相手を倒《たお》す。…巨漢《きょかん》の選手を投げた。
- ③倒れ込《こ》む。飛び込む。…椅子《いす》に身を投げる。
- ④途中《とちゅう》でやめる。…勝負を投げてしまった。
- ⑤相手に届くようにする。…彼に鋭《するど》い視線を投げた。

④多義語のでき方

多義語は、多くの場合、基本となる意味から用法の幅《はば》が広がって、複数の意味をもつようになったものである。動作の対象が具体的な物から人や抽象的《ちゅうしょうてき》な事柄《ことがら》へ広がったり、特定の言葉との慣用的な組み合わせで用いられていたものが一般化《いっぱんか》したりして、新しい意味が生まれる。したがって、常に意味どうしに関連性があり、関連性のない場合は多義語ではなく、別語(同訓異字または同音異義語)である。

例 □投げる　〔動作の対象〕
- ①ボールを投げる。…具体的な物
- ②巨漢の選手を投げた。…人
- ③椅子に身を投げる。…「身」(慣用的な組み合わせ)
- ④勝負を投げてしまった。…抽象的な事柄
- ⑤彼に鋭い視線を投げた。…抽象的な事柄

□不振《ふしん》—不審《ふしん》—不信
□平行—並行《へいこう》—平衡《へいこう》
□保証—補償《ほしょう》—保障

◉多義語と漢字の使い分け

多義語では、意味の違いを漢字を使い分けて表すことが多い。これも細かな意味の違いに注意する必要がある。(→p.20〜25とp.128「必修問題 同訓異字」参照)

□合う—会う—遭《あ》う
□上げる—挙げる—揚《あ》げる
□表す—著《あらわ》す—現す
□打つ—討つ—撃《う》つ
□治める—納める—修める—収める
□変える—代える—換《か》える—替《か》える
□掛《か》ける—懸《か》ける—架《か》ける—賭《か》ける
□堅《かた》い—固い—硬《かた》い
□差す—指す—挿《さ》す—刺《さ》す
□進める—勧《すす》める—薦《すす》める
□努める—務める—勤める
□取る—執《と》る—採る—撮《と》る—捕《と》る
□図《はか》る—測る—計る—量る—謀《はか》る—諮《はか》る

重要ポイント確認問題

1 **同音異義語**

これまでに学んだ漢字を用いて「キコウ」という音の二字熟語をできるだけたくさん答えなさい。

2 **同音異義語の区別**

次の文の太字のカタカナの部分にあたる漢字をア～ウから選び、記号で答えなさい。

□(1) **コウエン**でブランコに乗る。

□(2) 市民ホールで作家の**コウエン**が行われた。

□(3) 私の会社では文化事業を**コウエン**している。

ア 後援　**イ** 講演　**ウ** 公園

3 **多義語**

次の――線部の意味をア～オから選び、記号で答えなさい。

□(1) プールへと身を投げた。

□(2) 試合を投げてはいけない。

□(3) きつい言葉を投げられた。

□(4) 川面に小石を投げる。

□(5) 警官は暴れる犯人を投げて取り押《お》さえた。

ア 物を空中にほうる。

イ 技をかけて相手を倒《たお》す。

ウ 倒れ込《こ》む。飛び込む。

エ 途中《とちゅう》でやめる。

オ 相手に届くようにする。

答

1 **(解答例)** 気孔・気候・奇功・奇行・奇効・季候・紀行・帰校・帰航・帰港・起工・起稿・寄稿・寄港・機甲・機構・機巧・貴公・貴校

2 (1) ウ　(2) イ　(3) ア

3 (1) ウ　(2) エ　(3) オ　(4) ア　(5) イ

基礎問題

▼答え 別冊p.6

1 〈同音異義語〉

次の文の太字のカタカナの部分にあたる漢字をアかイから選び、記号で答えなさい。 重要

(1) ドラマは**イガイ**な結末を迎《むか》えた。　［　　］
ア 以外　イ 意外

(2) 呼びかけに対する**カイトウ**がない。　［　　］
ア 回答　イ 解答

(3) オーケストラの演奏を**カンショウ**する。　［　　］
ア 観賞　イ 鑑賞

(4) **キョクチ**的な豪雨《ごうう》となる。　［　　］
ア 極地　イ 局地

(5) 人質《ひとじち》は**カイホウ**された。　［　　］
ア 解放　イ 開放

(6) 祖父は昔の切手を**シュウシュウ**している。　［　　］
ア 収拾　イ 収集

(7) 左右**タイショウ**な建物。　［　　］
ア 対称《たいしょう》　イ 対象

(8) 中学校の**カテイ**を修了《しゅうりょう》する。　［　　］
ア 課程　イ 過程

2 〈多義語〉

次の――線部の語の意味をア～カから選び、記号で答えなさい。

(1) 三日おいて彼《かれ》を再び訪ねた。　［　　］
(2) 敵に備えて見張りをおいている。　［　　］
(3) 机の上にかばんをおく。　［　　］
(4) 結論はおくとして、次の議題に移ろう。　［　　］
(5) 全教科八〇点以上を目標においている。　［　　］
(6) 家の鍵《かぎ》を学校においてきてしまった。　［　　］

ア 物をある場所に存在させる。
イ 人をある地位や役割にすえる。
ウ 人や物をある場所に残して移動する。
エ 間に時間や距離《きょり》を設ける。
オ 目標や基準をそこに定める。
カ 放っておく。考える対象としない。

ヒント

1 まずは問題文の文脈をよく理解する。選択肢《せんたくし》の熟語の異なっている漢字の意味の違《ちが》いに注目。

実力アップ問題

◎制限時間20分　◎合格点80点　▼答え　別冊p.7

点

1 次の各組のa～cの太字のカタカナの部分にあたる漢字をア～ウから選び、記号で答えなさい。〈2点×15〉

(1)
a 友人の親切な行為《こうい》に**カンシン**する。
b 通訳の仕事に**カンシン**がある。
c 贈《おく》り物《もの》をして**カンシン**を買う。
ア 関心　イ 歓心　ウ 感心

(2)
a 出張の経費を**セイサン**する。
b 赤字の事業を**セイサン**する。
c 今度の新商品の販売《はんばい》には**セイサン**がある。
ア 清算　イ 精算　ウ 成算

(3)
a 事故の被害《ひがい》を**ホショウ**する。
b 親類に身元を**ホショウ**してもらう。
c 社会**ホショウ**制度の充実《じゅうじつ》を図《はか》る。
ア 保証　イ 補償　ウ 保障

(4)
a チームの成績が**フシン**だ。
b 警官に**フシン**な行動をとがめられた。
c 国民は政治**フシン**におちいっている。
ア 不信　イ 不振　ウ 不審

(5)
a 国語を学ぶ**イギ**を考える。
b 同音**イギ**語。
c 委員長の決定に**イギ**を唱える。
ア 異義　イ 異議　ウ 意義

(1)	(2)	(3)	(4)	(5)
a	a	a	a	a
b	b	b	b	b
c	c	c	c	c

2 次の太字のカタカナの部分を漢字に直しなさい。〈4点×10〉

(1) 外国人と**イシ**の疎通《そつう》を図る。
(2) 部活動で**キカイ**体操をしている。
(3) まるで**ケントウ**がつかない。
(4) **シュウチ**を集めて対策を練る。
(5) 着地の**タイセイ**も美しく決まった。
(6) 優勝で**ユウシュウ**の美を飾《かざ》った。
(7) **ゼッタイ**に遅刻《ちこく》してはならない。
(8) みんなから非難されるのは**ヒッシ**だ。

(9) 水道工事と**ヘイコウ**して路面も整備する。

(10) ご**コウイ**に感謝申し上げます。

(1)	(4)	(7)	(10)
(2)	(5)	(8)	
(3)	(6)	(9)	

3 ——線部が次の意味で用いられている例文をア〜コから選び、記号で答えなさい。〈3点×10〉

(1) 人の体で肩《かた》から先の部分。

(2) 人の体で手首から指先までの部分。

(3) 物から突《つ》き出た握《にぎ》る部分。

(4) 働く人。人手。

(5) 仕事をするための能力。

(6) 手数。手間。

(7) 方法。やり方。

(8) 持ちもの。所有しているもの。

(9) 人と人のつながり。

(10) そのことをする人。そのことに優《すぐ》れた人。

ア 注文が殺到《さっとう》して製造の手が足りない。

イ 子どもの手を握って信号を渡《わた》る。

ウ このプロジェクトは私の手に余る。

エ 急須《きゅうす》の手がとれてしまった。

オ 悪い仲間とはきっぱり手を切った。

カ 手の込《こ》んだ料理に感心する。

キ 話し手のほうを見てよく聞きましょう。

ク うまい手を思いついたものだね。

ケ この家宝だけは人の手には渡さない。

コ 参加を希望する人は手を挙げてください。

(1)	(2)	(3)	(4)	(5)
(6)	(7)	(8)	(9)	(10)

⑦ 三字熟語・四字熟語

重要ポイント

① 三字熟語《さんじじゅくご》

三字熟語は、三字の漢字を組み合わせて一つの熟語としたものである。

例 □合言葉　過不足　千秋楽　醍醐味《だいごみ》　不思議《ふしぎ》　真面目《まじめ》　無頓着《むとんちゃく》

② 三字熟語の組み立て

三字熟語は、**二字熟語に一字つけ加えたもの**が多い。二字熟語に、接頭語のような役割の字を上に付けたり、接尾語のような役割の字を下に付けたりして、比較《ひかく》的《てき》自由に作り出せるためである。

□① **二字熟語の上に一字つけ加えたもの。**

例 亜｜熱帯《ねったい》　初｜対面　総｜選挙　不｜自然　非｜常識　無｜計画　未｜公開

□② **二字熟語の下に一字つけ加えたもの。**

例 満足｜感　案内｜板　闘争《とうそう》｜心　必然｜性　科学｜的　機械｜化　反対｜派

□③ **三字が対等の関係でならぶもの。**

例 松竹梅《しょうちくばい》　上中下　衣食住　真善美《しんぜんび》　心技体　雪月花《せつげつか》　天地人

③ 四字熟語《よじじゅくご》

四字熟語は、四字の漢字を組み合わせて一つの熟語としたものである。

テストではココがねらわれる

◉ **注意すべき三字熟語の組み立て**

接頭語のような役割の「無」「未」が用いられていても、二字熟語の上に一字つけ加えたものではない場合もあるので注意しよう。

□無理数→無理＋数
□無機物→無機＋物
□無医村→無医＋村
□無尽蔵《むじんぞう》→無尽＋蔵
□未知数→未知＋数
□未来像→未来＋像

◉ **三字熟語に用いられる漢字**

二字熟語について三字熟語を構成する漢字には、上段で挙げたほかに次のようなものがある。

① **上に付く漢字**

□一｜個人　□高｜性能　□小｜細工
□最｜盛期　□新｜機軸《きじく》　□多｜機能

例 □一刀両断　意気投合　我田引水《がでんいんすい》　興味津々《きょうみしんしん》　空前絶後　公平無私
小春日和《こはるびより》　十人十色《じゅうにんといろ》　晴耕雨読　大胆不敵《だいたんふてき》　半信半疑　無我夢中

④四字熟語の組み立て

四字熟語は、**二字熟語どうしが結びついたものが**多い。それぞれの二字熟語の意味の関係から次のように分類できる。

□① **二字熟語どうしが対等の関係で結びつくもの。**

例 完全無欠　千変万化《せんぺんばんか》　＝二組の二字熟語が似た意味のもの。
有名無実　異口同音《いくどうおん》　＝二組の二字熟語が対応する意味のもの。

□② **上の二字熟語が下の二字熟語へ意味上かかるもの。**

例 主客転倒《しゅかくてんとう》　終始一貫《しゅうしいっかん》　＝主・述の関係になるもの。
現状維持《げんじょういじ》　前後不覚　＝修飾《しゅうしょく》・被修飾《ひしゅうしょく》の関係になるもの。

□③ **四字が対等の関係でならぶもの。**

例 東西南北　喜怒哀楽《きどあいらく》　春夏秋冬　花鳥風月《かちょうふうげつ》

⑤そのほかの四字熟語

一般《いっぱん》に四字熟語は、二字熟語どうしの結びつきが強く、固定された組み合わせのものをいう。例えば、「意気投合」と同じ意味のつもりで「意気合致《いきがっち》」といっても、四字熟語とはみなされにくい。広い意味では、「産業道路」「衛星中継《えいせいちゅうけい》」「環境音楽《かんきょうおんがく》」など、二字熟語を組み合わせて新しく作られたものも四字熟語ではあるが、本書では、先に挙げたような固定された組み合わせのもののみ取り上げる。

また、「呉越同舟《ごえつどうしゅう》」「四面楚歌《しめんそか》」のような、漢字四字の「故事成語《こじせいご》」は次項目で扱《あつか》うこととする。

□大上段　□大海原　□超大国
□生兵法　□半濁音《はんだくおん》　□反比例

② **下に付く漢字**

□読書家　□過渡期《かとき》　□非常時
□知識人　□満足度　□人間味

●数字が使われている四字熟語

四字熟語には、数字が対比的に使われているものが多く、よく出題される。読みにも注意しよう。

□一朝一夕《いっちょういっせき》　□一長一短《いっちょういったん》
□一進一退《いっしんいったい》　□一利一害《いちりいちがい》
□一世一代《いっせいちだい》　□一日千秋《いちじつせんしゅう》
□一石二鳥《いっせきにちょう》　□一言半句《いちごんはんく》
□一心不乱《いっしんふらん》　□一網打尽《いちもうだじん》
□一期一会《いちごいちえ》　□一望千里《いちぼうせんり》
□二束三文《にそくさんもん》　□二人三脚《ににんさんきゃく》
□三寒四温《さんかんしおん》　□四方八方《しほうはっぽう》
□七転八倒《しちてんばっとう》　□十人十色《じゅうにんといろ》
□百戦錬磨《ひゃくせんれんま》　□千載一遇《せんざいいちぐう》
□千差万別《せんさばんべつ》　□千変万化《せんぺんばんか》

重要ポイント確認問題

1 三字熟語

次の□に〔　〕の中のいずれかの漢字を入れ、三字熟語を完成させなさい。

□(1) 醍醐□　□(2) 千秋□　□(3) 真□目　□(4) □頓着　□(5) □言葉

〔面　合　味　楽　無〕

2 三字熟語の組み立て

次の三字熟語の組み立てはア～ウのどれにあたるか、記号で答えなさい。

ア 二字熟語の上に一字つけ加えたもの。
イ 二字熟語の下に一字つけ加えたもの。
ウ 三字が対等の関係でならぶもの。

□(1) 必然性　□(2) 衣食住　□(3) 非常識　□(4) 松竹梅　□(5) 未公開
□(6) 反対派　□(7) 亜熱帯《あねったい》　□(8) 満足感　□(9) 心技体

3 四字熟語

次の□に〔　〕の中のいずれかの漢字を入れ、四字熟語を完成させなさい。

□(1) 晴耕雨□　□(2) □怒哀楽　□(3) 前後□覚　□(4) 無我□中
□(5) □田引水　□(6) 花鳥風□　□(7) 十□十色　□(8) 一□両断

〔月　夢　我　喜　読　人　刀　不〕

答

1
(1) 醍醐味　(2) 千秋楽　(3) 真面目　(4) 無頓着　(5) 合言葉

2
(1) イ　(2) ウ　(3) ア　(4) ウ　(5) ア　(6) イ　(7) ア　(8) イ　(9) ウ

3
(1) 晴耕雨読　(2) 喜怒哀楽　(3) 前後不覚　(4) 無我夢中　(5) 我田引水　(6) 花鳥風月　(7) 十人十色　(8) 一刀両断

基礎問題

▼答え 別冊p.7

1

〈三字熟語〉

正しい三字熟語となるよう、□に適当な漢字をア～クから選び、記号で答えなさい。

(1) □大国 [　　] (2) □計画 [　　]

(3) □発達 [　　] (4) □機軸 [　　]

(5) □北端 [　　] (6) □御所 [　　]

(7) □細工 [　　] (8) □濁音 [　　]

ア 最　イ 無　ウ 大　エ 小　オ 未　カ 半　キ 超　ク 新

2

〈三字熟語の組み立て〉

次の各組の三字熟語のうち、一つだけ他と組み立てが異なるものを選び、記号で答えなさい。

(1) ア 無理数　イ 不作為《ふさくい》　ウ 非常識　エ 未就学 [　　]

(2) ア 松竹梅　イ 最大値　ウ 雪月花　エ 衣食住 [　　]

(3) ア 競技場　イ 好感度　ウ 感染症《かんせんしょう》　エ 高学歴 [　　]

3

〈四字熟語〉

正しい四字熟語となるよう、□に適当な漢字をア～クから選び、記号で答えなさい。□が二つある場合には同じ字が入る。 重要

(1) 公平□私 [　　] (2) □信□疑 [　　]

(3) 二束□文 [　　] (4) 千変□化 [　　]

(5) □期□会 [　　] (6) □戦錬磨 [　　]

(7) □年一日 [　　] (8) 一日□秋 [　　]

ア 半　イ 一　ウ 三　エ 十　オ 百　カ 千　キ 万　ク 無

4

〈四字熟語〉

次の四字熟語の読みを答えなさい。 ミス注意

(1) 小春日和 [　　]

(2) 一朝一夕 [　　]

(3) 異口同音 [　　]

(4) 我田引水 [　　]

(5) 興味津々 [　　]

実力アップ問題

◎制限時間20分　◎合格点80点　▼答え　別冊p.7

点

1

次の三字熟語の組み立てを、ア・イから選び、記号で答えなさい。〈1点×10〉

(1) 分岐点《ぶんきてん》　(2) 診療所《しんりょうじょ》　(3) 超特急《ちょうとっきゅう》　(4) 最高潮

(5) 没交渉《ぼっこうしょう》　(6) 蛍光灯《けいこうとう》　(7) 表彰式《ひょうしょうしき》　(8) 亜寒帯《あかんたい》

(9) 携帯品《けいたいひん》　(10) 急斜面《きゅうしゃめん》

ア　二字熟語の上に一字をつけ加えたもの。

イ　二字熟語の下に一字をつけ加えたもの。

(1)	(2)	(3)	(4)	(5)
(6)	**(7)**	**(8)**	**(9)**	**(10)**

2

次の二字熟語に、「無・不・未」のいずれか一つを付けて三字熟語を完成させなさい。〈2点×10〉

(1) 適当　(2) 発達　(3) 認可《にんか》　(4) 確実　(5) 可能

(6) 体験　(7) 意味　(8) 開拓《かいたく》　(9) 理解　(10) 透明《とうめい》

(1)	(2)	(3)	(4)	(5)	(6)	(7)	(8)	(9)	(10)

3

次の□に〔　〕の中のいずれかの漢字を入れ、三字熟語を完成させなさい。〈1点×6〉

(1) 過□期　(2) □角度　(3) 来賓□　(4) 非□式

(5) 重要□　(6) □完全

〔公　不　急　渡　視　席〕

(1)	(2)	(3)	(4)	(5)	(6)

4

次のAの熟語とBの熟語とを組み合わせ、十の四字熟語を完成させなさい。〈2点×10〉

A　日進　一致　不言　前代　異口　清廉　有名　春夏
　　二者　粉骨

B　同音　秋冬　団結　潔白　択一　実行　月歩　未聞
　　砕身　無実

5

正しい四字熟語となるよう、□に適当な漢字を答えなさい。
□が二つある場合には同じ字が入る。〈2点×12〉

(1) 危機一□　(2) □頭蛇尾　(3) 絶□絶命
(4) 意味□長　(5) □知□能　(6) □耳東風
(7) 起□転結　(8) □喜□憂　(9) 大胆不□
(10) 五里□中　(11) □語道断　(12) □理□論

(1)	(2)	(3)	(4)	(5)	(6)	(7)	(8)	(9)	(10)	(11)	(12)

6

次の太字のカタカナの部分を漢字に直しなさい。〈4点×5〉

(1) **ナマハンカ**な気持ちではいけない。
(2) 今度の練習試合が大会への**シキンセキ**となる。
(3) 先生は**カイコウイチバン**試験の予告をした。
(4) 宿題を仕上げるのに**シクハック**だった。
(5) 君の考え方は**ホンマツテントウ**ではないか。

(1)	(2)	(3)	(4)	(5)

8 慣用句・ことわざ・故事成語

重要ポイント

① 慣用句《かんようく》

二つ以上の語が結びついて、ある決まった特別な意味を表す言葉を慣用句という。 結びつく語は決まっていて、ある事柄《ことがら》を身近で具体的な物事を用いて、たとえて表すものが多い。（↓p.130「必修問題 慣用句」参照）

□① **体の一部を用いるもの。**

例 頭が固い（柔軟《じゅうなん》な考え方ができない）　目に余る（あまりにひどくて見過ごせない）
鼻を明かす（出し抜《ぬ》く）　口が堅《かた》い（簡単にはしゃべらない）
胸に刻《きざ》む（決して忘れずにいる）　腰《こし》をすえる（落ち着いて物事を行う）

□② **動物や植物を用いるもの。**

例 馬が合う（気が合う）　猫《ねこ》の額《ひたい》（非常にせまい様子）
竹を割ったよう（気性がさっぱりしている様子）　芋《いも》を洗うよう（混雑している様子）
うり二つ（そっくりな様子）　柳《やなぎ》に風（うけながす様子）

□③ **日常的な品物や道具を用いるもの。**

例 手前みそ（自分のものをほめる様子）　ぬかに釘《くぎ》（手応えがない）
釘を刺《さ》す（念を押《お》す）　筆が立つ（文章を書くのがうまい）

□④ **その他**

例 水に流す（許して忘れる）　峠《とうげ》を越《こ》す（さかんな時期や危険な時期を過ぎる）

テストではココがねらわれる

◉体の一部を用いた慣用句

慣用句には、人間の体の一部を用いたものが非常に多い。

□顎《あご》を出す ＝ ひどく疲《つか》れる。
□足が出る ＝ 予算が足りなくなる。
□腕《うで》を上げる ＝ 技術が上達する。
□顔が広い ＝ 多くの人に知られている。
□肩《かた》を並べる ＝ 同じような力をもつ。
□口がすべる ＝ うっかりしゃべる。
□口を割る ＝ 隠《かく》していたことを話す。
□舌を巻く ＝ たいへん驚《おどろ》く。
□首を長くする ＝ 待ちこがれる。
□腰が低い ＝ 人にへり下る。
□手が届く ＝ 達成まであとわずかだ。
□歯が立たない ＝ 強くてかなわない。
□鼻につく ＝ あきあきして嫌《いや》になる。
□肝《きも》が太い ＝ 大胆《だいたん》な様子。
□目が高い ＝ 見分ける力をもっている。

色を失う（顔が青ざめる）　物を言う（役に立つ）　波に乗る（勢いがある様子）

② ことわざ

人生や世の中、人間関係などについての知恵《ちえ》や教訓を、短く、端的《たんてき》に言い表した言葉を**ことわざ**という。うまいたとえや皮肉を含《ふく》んでいて、昔から広く言い慣らわされてきた。（→p.132「必修問題　ことわざ」参照）

□例 犬も歩けば棒に当たる（行動すれば、何か災《わざわ》いや幸せにあうものだ）
医者の不養生《ふようじょう》（専門家はかえって自分のことにはかまわない）
笑う門《かど》には福来《きた》る（幸福な気分でいれば、実際に幸福がやって来る）
知らぬが仏（知らないから平静でいられる）
仏の顔も三度（温厚《おんこう》な人でも非礼が重なると怒《おこ》る）
急がば回れ（確実な道をとる方がかえって早い）

③ 故事成語《こじせいご》

昔から言い伝えられてきた、いわれのある、特別な意味に用いられる言葉を**故事成語**という。とくに、中国の古い話・できごと（故事）に基《もと》づいて作られた言葉を指すことが多い。言葉のいわれがわからないと、なぜそのような意味になるのか理解できないため、意味といわれをあわせて理解しておく必要がある。（→p.134「必修問題　故事成語」参照）

□例 矛盾《むじゅん》＝理屈《りくつ》に合わないこと。話のつじつまが合わないこと。
〔いわれ〕昔の中国で、矛《ほこ》（やりに似た武器）と盾《たて》とを売る商人が、「この矛は、どんな盾をも打ち破り、この盾は、どんな矛をも防ぐ」と言って売っていた。これを聞いた人が、「その矛でその盾を突《つ》いたらどうなるのか」と尋《たず》ねたところ、商人は答えることができなかった、という話による。

◉ 対義・類義のことわざ

ことわざには、反対の意味（↔）やよく似た意味（＝）のものがある。

□ 転ばぬ先のつえ ↔ 泥棒《どろぼう》を見て縄《なわ》をなう
□ 立つ鳥跡《あと》を濁《にご》さず ↔ あとは野となれ山となれ
□ とびがたかを生む ↔ うりのつるになすびはならぬ
□ まかぬ種は生えぬ ↔ 棚《たな》からぼた餅《もち》・果報は寝て待て
□ 渡《わた》る世間に鬼《おに》はない ↔ 人を見たら泥棒と思え
□ 石の上にも三年 ＝ 千里の道も一歩から
□ 急がば回れ ＝ せいては事を仕損じる
□ 馬の耳に念仏 ＝ 猫《ねこ》に小判・豚《ぶた》に真珠《しんじゅ》
□ 弘法《こうぼう》も筆の誤り ＝ 猿《さる》も木から落ちる・河童《かっぱ》の川流れ
□ 月とすっぽん ＝ 提灯《ちょうちん》に釣鐘《つりがね》
□ 月夜に提灯 ＝ 釈迦《しゃか》に説法《せっぽう》
□ 泣きっ面《つら》に蜂《はち》 ＝ 弱り目にたたり目
□ のれんに腕押《お》し ＝ ぬかに釘
□ 早い者勝ち ＝ 先んずれば人を制す

重要ポイント確認問題

1 慣用句

次の□に〔　〕の中のいずれかの漢字を入れ、慣用句を含《ふく》む文を完成させなさい。

□(1) □に余るいたずら。

□(2) 猫《ねこ》の□ほどの狭《せま》い庭。

□(3) この前のけんかは□に流そう。

□(4) 鍵《かぎ》をかけておくよう□を刺《さ》す。

〔額　目　水　釘《くぎ》〕

2 ことわざ

次のことわざの（　）に入る語句を答えなさい。

□(1) 仏の（　）も三度。

□(2) （　）の不養生。

□(3) 急がば（　）。

□(4) 知らぬが（　）。

□(5) 笑う門《かど》には（　）来《きた》る。

□(6) 犬も歩けば（　）に当たる。

3 故事成語

□故事成語「矛盾《むじゅん》」の意味として適当なものをア～エから選び、記号で答えなさい。

ア 矛《ほこ》と盾《たて》で争うことから、お互《たが》いに非難し合うこと。

イ 矛と盾を売る商人の言葉から、つじつまが合わないこと。

ウ 矛と盾との関係から、天敵どうしの間がらであること。

エ 矛も盾も武器であることから、戦争のこと。

答

1

(1) 目に余るいたずら。

(2) 猫《ねこ》の額ほどの狭い庭。

(3) この前のけんかは水に流そう。

(4) 鍵《かぎ》をかけておくよう釘を刺す。

2

(1) 顔　(2) 医者　(3) 回れ　(4) 仏

(5) 福　(6) 棒

3

イ

基礎問題

▼答え 別冊 p.8

1 〈慣用句〉

次の慣用句の意味として適当なものをア～カから選び、記号で答えなさい。重要

(1) 顔が広い [　　]
(2) 肝《きも》が太い [　　]
(3) 足が出る [　　]
(4) 鼻につく [　　]
(5) 舌を巻く [　　]
(6) 目が高い [　　]

ア 予算が足りなくなる。
イ たいへん驚《おどろ》く。
ウ 大胆《だいたん》な様子。
エ 多くの人に知られている。
オ あきあきして嫌《いや》になる。
カ 見分ける力をもっている。

2 〈ことわざ〉

次のことわざの意味として適当なものをア～カから選び、記号で答えなさい。重要

(1) せいては事を仕損じる [　　]
(2) 犬も歩けば棒に当たる [　　]
(3) とびがたかを生む [　　]
(4) 泣きっ面《つら》に蜂《はち》 [　　]
(5) 弘法《こうぼう》も筆の誤り [　　]
(6) 医者の不養生 [　　]

ア 平凡《へいぼん》な親から非凡な才能の子が生まれる。
イ 何事もあわててやると失敗しがちである。
ウ 専門家はかえって自分のことにはかまわない。
エ 困っているところに、さらに災難が降りかかる。
オ どんな名人でもまれに失敗することがある。
カ 行動すれば、何か災《わざわ》いや幸せにあうものだ。

3 〈故事成語〉

次の説明はなんという故事成語についての説明か答えなさい。

「鳥のシギがドブ貝の肉をついばんで食べようとした。貝はシギのくちばしをはさんではなさなかった。両方が意地を張り合っているところに、漁夫が通りかかり、シギとドブ貝の両方を捕《と》らえてしまった。」というたとえから、つまらない争いごとをしているすきに第三者に利益がころがりこむことを表す。

[　　　　]

ヒント

3 四文字で答える。

実力アップ問題

◎制限時間20分　◎合格点80点　▼答え　別冊p.8

点

1 次の慣用句の□に適当な漢字をア～シから選び、記号で答えなさい。〈3点×12〉

(1) □を並べる
(2) □を磨《みが》く
(3) □がさわぐ
(4) □が売れる
(5) □が黒い
(6) □を巻く
(7) □が棒になる
(8) □が低い
(9) □に角を立てる
(10) □を折る
(11) □が立たない
(12) □を長くする

ア 腰《こし》　イ 顔　ウ 目　エ 骨　オ 歯　カ 舌
キ 首　ク 肩《かた》　ケ 胸　コ 腹　サ 腕《うで》　シ 足

(1)	(6)	(11)
(2)	(7)	(12)
(3)	(8)	
(4)	(9)	
(5)	(10)	

2 次の意味で用いられる慣用句をア～オから選び、記号で答えなさい。〈2点×5〉

(1) 見ていてひやひやする。
(2) どうすることもできない。
(3) できるだけの努力をする。
(4) 必要な手段を考える。相談をまとめる。
(5) 能力の範囲内《はんいない》にある。

ア 手がつけられない　イ 手に汗《あせ》をにぎる
ウ 手が届く　エ 手を打つ
オ 手をつくす

(1)
(2)
(3)
(4)
(5)

3 下にある意味となるよう、（　　）に入る適当な語句を答えなさい。〈2点×10〉

(1)（　　）が知らせる……予感がする。
(2)（　　）が合う……気が合う。
(3)（　　）の涙《なみだ》……とても少ないこと。
(4)（　　）を割ったよう……気性がさっぱりしている様子。
(5)（　　）に塩……急に元気がなくなる様子。
(6)（　　）を濁《にご》す……その場をいい加減にごまかす。
(7)（　　）をさす……横あいからじゃまをする。
(8) あとの（　　）……手おくれである。
(9) やぶから（　　）……突然《とつぜん》に物事をする様子。
(10)（　　）を脱《ぬ》ぐ……降参する。

(1)	(2)	(3)
(4)	**(5)**	**(6)**
(7)	**(8)**	**(9)**
(10)		

4

次の(1)～(4)のことわざと反対の意味のことわざを、(5)～(8)のことわざと似た意味のことわざを、ア～クから選び、記号で答えなさい。〈3点×8〉

(1) 果報は寝《ね》て待て
(2) 亀《かめ》の甲《こう》より年の功
(3) あぶはち取らず
(4) 立つ鳥跡《あと》を濁さず
(5) 馬の耳に念仏
(6) 弘法《こうぼう》も筆の誤り
(7) ぬかに釘《くぎ》
(8) 月とすっぽん

ア 提灯《ちょうちん》に釣鐘《つりがね》
イ あとは野となれ山となれ
ウ 猫《ねこ》に小判
エ 猿《さる》も木から落ちる
オ まかぬ種は生えぬ
カ 老いては子に従え
キ のれんに腕押《お》し
ク 一石二鳥

(1)	(2)	(3)	(4)	(5)
(6)	**(7)**	**(8)**		

5

次の故事成語の□に適当な漢字をア～オから選び、記号で答えなさい。〈2点×5〉

(1) 漁夫の□
(2) 蛍雪《けいせつ》の□
(3) 他山の□
(4) 背水の□
(5) 塞翁《さいおう》が□

ア 陣《じん》　**イ** 石　**ウ** 利　**エ** 功　**オ** 馬

(1)	(2)	(3)	(4)	(5)

9 読み書きに注意する漢字

重要ポイント

① 音訓が多い漢字

漢字の中には、音読み・訓読みを合わせ読み方がたくさんあるものがある。それぞれの読み方は**熟語や短文の形で覚えておく**とよい。

□ 例 重
- 音読み
  - ① ジュウ → **重**要
  - ② チョウ → 貴**重**
- 訓読み
  - ① かさ-なる・ね → 月日が**重**なる
  - ② おも-い → 責任が**重**い
  - ③ え → 八**重**桜

② 訓読みの長い漢字

訓読みが三文字以上の、読みの長い漢字がある。これらの漢字では、とくに**送りがなの付け方に注意**する。

□ ① **送りがなが付くもの**

例 志(こころざ)す　滞(とどこお)る　顧・省(かえり)みる
著(いちじる)しい　承(うけたまわ)る　甚(はなは)だしい
憧(あこが)れる　慰(なぐさ)める　育(はぐく)む
侮(あなど)る　謹(つつし)む　携(たずさ)える・わる

テストではココがねらわれる

◉ **音／訓が四つ以上ある漢字の例**

□ 音　オン・イン／おと・ね
□ 強　キョウ・ゴウ／つよ-い・し-いる
□ 幸　コウ／さいわ-い・さち・しあわ-せ
□ 厳　ゲン・ゴン／おごそ-か・きび-しい
□ 紅　コウ・ク／べに・くれない
□ 守　シュ・ス／まも-る・も-り
□ 新　シン／あたら-しい・あら-た・にい
□ 省　セイ・ショウ／かえり-みる・はぶ-く

◉ **特別な音読みをする漢字の例**

特定の熟語の中に表れるので、熟語ごと覚えよう。

□ **遺**言(**ユイ**ゴン)　□ 回向(**エ**コウ)
□ 反**応**(ハン**ノウ**)　□ **夏**至(**ゲ**シ)
□ **献**立(**コン**だて)　□ 機**嫌**(キ**ゲン**)
□ 帰**依**(キ**エ**)　□ 久**遠**(ク**オン**)
□ **仮**病(**ケ**ビョウ)　□ 境**内**(ケイ**ダイ**)

遡（さかのぼ）る　綻（ほころ）びる　諦（あきら）める

□②**送りがなが付かないもの**

例 志（こころざし）　頂（いただき）　趣（おもむき）　公（おおやけ）
源（みなもと）　妹（いもうと）　幻（まぼろし）　冠（かんむり）
眼（まなこ）　脂（あぶら）　戦（いくさ）　煙（けむり）
丼（どんぶり）　要（かなめ）　類（たぐい）

③読みが変化する漢字

二つの語が結びついて熟語を作る場合などに、発音が変化して**特別の読みをするものがある。**

□例 **観音**（カン・オン→カンノン）　**因縁**（イン・エン→インネン）
風情（フウ・ジョウ→フ　ゼイ）　**緑青**（リョク・セイ→ロク　ショウ）
雨雲（あめ・くも→あまぐも）　**声色**（こえ・いろ→こわいろ）
春雨（はる・あめ→はるさめ）　**胸板**（むね・いた→むないた）

④熟字《じゅくじ》訓《くん》

一字一字の音訓に関係なく、**熟語として特別な読み方をするもの**を**熟字訓**という。常用漢字表の付表にある語のうち、中学校で新たに習うものは次の通り。

□小豆《あずき》　硫黄《いおう》　意気地《いくじ》　田舎《いなか》　海原《うなばら》　乳母《うば》　浮《うわ》つく　笑顔《えがお》　叔父《おじ》・伯父《おじ》　乙女《おとめ》
叔母《おば》・伯母《おば》　お巡《まわ》りさん　鍛冶《かじ》　風邪《かぜ》　固唾《かたず》　仮名《かな》　為替《かわせ》　心地《ここち》　早乙女《さおとめ》
差《さ》し支《つか》える　五月《さつき》　早苗《さなえ》　五月雨《さみだれ》　時雨《しぐれ》　尻尾《しっぽ》　竹刀《しない》　老舗《しにせ》　芝生《しばふ》　三味線《しゃみせん》
砂利《じゃり》　白髪《しらが》　相撲《すもう》　草履《ぞうり》　太刀《たち》　立《た》ち退《の》く　足袋《たび》　梅雨《つゆ》　凸凹《でこぼこ》　名残《なごり》　雪崩《なだれ》
二十《はたち》・二十歳《はたち》　波止場《はとば》　日和《ひより》　吹雪《ふぶき》　土産《みやげ》　息子《むすこ》　紅葉《もみじ》　木綿《もめん》　最寄《もよ》り
大和《やまと》　弥生《やよい》　行方《ゆくえ》　若人《わこうど》

□**兄弟**（**キョウダイ**）　□**格子**（**コウシ**）　□**最期**（**サイゴ**）　□**精進**（**ショウジン**）　□**修行**（**シュギョウ**）　□**小児**（ショウニ）　□**今昔**（**コンジャク**）　□**天井**（**テンジョウ**）　□**納得**（**ナットク**）
□**深紅**（**シンク**）　□**合戦**（**カッセン**）　□**歳暮**（**セイボ**）　□**磁石**（**ジシャク**）　□**出納**（**スイトウ**）　□**仁王**（**ニオウ**）　□**一切**（**イッサイ**）　□**遊説**（**ユウゼイ**）

◉**特別な訓読みをする漢字の例**

漢字の訓読みが熟語になる際に、ア段の音などに変わるものがある。熟語で覚えよう。

□**稲作**（**いなさく**）　□**爪先**（**つまさき**）　□**酒屋**（**さかや**）　□**船歌**（**ふなうた**）　□**神主**（**かんぬし**）　□**苗代**（**なわしろ**）　□**目深**（**まぶか**）
□**金物**（**かなもの**）　□**手綱**（**たづな**）　□**黄金**（**こがね**）　□**上着**（**うわぎ**）　□**白壁**（**しらかべ**）　□**風車**（**かざぐるま**）　□**問屋**（**とんや**）

重要ポイント確認問題

1 音訓が多い漢字

次の——線部の漢字の読みを答えなさい。

□(1) 貴重な八重桜。
□(2) 体重が重い。
□(3) テストが重なる。

2 訓読みの長い漢字

次の——線部の漢字の読みを答えなさい。

□(1) 教育の道を志す。
□(2) 注文を承る。
□(3) 友人を慰める。
□(4) コートの袖《そで》が綻びる。
□(5) 山の頂。
□(6) 事件を公にする。
□(7) 趣のある日本庭園。
□(8) チームの要となる選手。

3 読みが変化する漢字

次の——線部の漢字の読みを答えなさい。

□(1) 観音像をおがむ。
□(2) 港町の風情。
□(3) 雨雲が広がる。
□(4) 先生の声色をまねる。

4 熟字《じゅくじ》訓《くん》

次の——線部の漢字の読みを答えなさい。

□(1) 意気地のない言葉。
□(2) 笑顔を絶やさない。
□(3) 固唾をのむ。
□(4) 心地よい風。
□(5) 勉強に差し支える。
□(6) 時雨が降り出す。
□(7) 風邪をひいた。
□(8) 冬の名残の冷たい風。

答

1
(1) きちょう　やえ
(2) たいじゅう　おも
(3) かさ

2
(1) こころざ
(2) うけたまわ
(3) なぐさ
(4) ほころ
(5) いただき
(6) おおやけ
(7) おもむき
(8) かなめ

3
(1) かんのん
(2) ふぜい
(3) あまぐも
(4) こわいろ

4
(1) いくじ
(2) えがお
(3) かたず
(4) ここち
(5) さしつかえる
(6) しぐれ
(7) かぜ
(8) なごり

基礎問題

▼答え 別冊p.8

1 〈訓読みの長い漢字〉

次の――線部のひらがなを、送りがなを含《ふく》め、漢字に直しなさい。（ミス注意）

(1) こころざしは大きく持とう。
(2) 読書の習慣をはぐくむ取り組み。
(3) 書類をたずさえて来ました。
(4) 朝ご飯が元気のみなもとです。
(5) 肉からあぶらがしみ出る。
(6) つつしんで御礼《おれい》申し上げます。

2 〈熟字訓〉

次の――線部の漢字の読みを答えなさい。（重要）

(1) 五月雨が降り続く。
(2) 芝生に寝転《ねころ》ぶ。
(3) 吹雪に閉じこめられる。
(4) 海原のはるか彼方《かなた》。
(5) 木綿のシャツ。
(6) 梅雨明けも間近だ。
(7) 旅行のお土産です。

3 〈特別な読みの漢字〉

次の――線部の漢字の読みを答えなさい。

(1) すばやく反応する。
(2) 夕食の献立を考える。
(3) 神社の境内で遊ぶ。
(4) 桶狭間《おけはざま》の合戦。
(5) 学問に精進する。
(6) 町の今昔がわかる資料館。
(7) 肉類は一切口にしない。
(8) 華麗《かれい》な手綱さばき。
(9) 白壁の美しい土蔵。
(10) 問屋から食材を仕入れる。

ヒント

1 送りがなが必要なのは(2)(3)(6)。

実力アップ問題

◎制限時間 20分　◎合格点 80点　▼答え 別冊 p.8

点

1 次の——線部の漢字の読みを答えなさい。〈1点×20〉

(1) 極　a 極地　b 極意　c 感激の極み
(2) 裁　a 裁判　b 裁く　c 布地を裁つ
(3) 盛　a 盛況　b 土を盛る　c 盛んな拍手《はくしゅ》
(4) 傷　a 負傷　b 傷つく　c 机が傷む
(5) 歩　a 歩調　b 歩合　c 歩く　d 歩み
(6) 強　a 勉強　b 強引　c 強まる　d 強いる

(1)	(2)	(3)	(4)	(5)	(6)
a	a	a	a	a	a
b	b	b	b	b	b
c	c	c	c	c	c
				d	d

2 次の熟語の——線部の漢字の訓読みを、送りがなに——線を付けて答えなさい。〈2点×5〉

(1) 蓄積　(2) 妨害　(3) 金塊　(4) 自戒　(5) 賜杯

(1)	(2)	(3)	(4)	(5)

3 次の漢字を、動詞の形で訓読みし、送りがなに——線を付けて答えなさい。〈2点×5〉

(1) 諮　(2) 朽　(3) 承　(4) 促　(5) 繕

(1)	(2)	(3)	(4)	(5)

4

次の熟語の――線部の読みを答えなさい。〈1点×20〉

(1) a 仮定 b 仮病
(2) a 次元 b 次第
(3) a 柔道 b 柔和
(4) a 園芸 b 花園
(5) a 喫茶 b 番茶
(6) a 大蛇 b 蛇足
(7) a 神宮 b 神主
(8) a 暴露 b 乱暴
(9) a 寿命 b 生命
(10) a 眼前 b 血眼

(1)	(3)	(5)	(7)	(9)
a	a	a	a	a
b	b	b	b	b

(2)	(4)	(6)	(8)	(10)
a	a	a	a	a
b	b	b	b	b

5

次の熟語の読みを答えなさい。〈2点×10〉

(1) 胸板
(2) 稲穂
(3) 彼女
(4) 雨脚
(5) 霧雨
(6) 明星
(7) 早速
(8) 弟子
(9) 内裏
(10) 発端

(1)	(3)	(5)	(7)	(9)

(2)	(4)	(6)	(8)	(10)

6

次の熟語の読みを答えなさい。〈2点×10〉

(1) 昨日
(2) 今朝
(3) 上手
(4) 草履
(5) 足袋
(6) 息子
(7) 眼鏡
(8) 大和
(9) 行方
(10) 大人

(1)	(3)	(5)	(7)	(9)

(2)	(4)	(6)	(8)	(10)

●使用が限られた漢字①

常用漢字表の中には、一般的《いっぱんてき》な生活において、使用する機会が少ない漢字や音訓がある。また、特定の熟語でしか用いられない漢字もある。

①日常生活ではあまり使用されない漢字

（*は、ほとんどその熟語でしか用いられないことを表す。）

①古い単位を表す漢字

丈《ジョウ》・尺《シャク》・寸《スン》・毛《モウ》・厘《リン》（長さ）　貫《カン》・分《ブ》・斤《キン》（重さ）

石《コク》・斗《ト》・升《ショウ》・合《ゴウ》（容量）　町《チョウ》・歩《ブ》・坪《つぼ》（面積）

②おもに法律や公文書に関連して使われる漢字

劾（弾劾《*ダンガイ》）　勾（勾留《コウリュウ》）　嗣（嗣子《*シシ》）　姻（婚姻《*コンイン》）

款（約款《ヤッカン》）　毀（毀損《*キソン》）　錮（禁錮《*キンコ》）　璽（御璽《*ギョジ》）

遵（遵守《ジュンシュ》）　赦（恩赦《オンシャ》）　訟（訴訟《*ソショウ》）　窃（窃盗《*セットウ》）

嫡（嫡子《チャクシ》）　勅（詔勅《ショウチョク》）　朕（朕《チン》）　謄（謄本《トウホン》）

陪（陪審《バイシン》）　賄（贈賄《ゾウワイ》）　賂（賄賂《*ワイロ》）　罷（罷免《*ヒメン》）

猶（猶予《*ユウヨ》）

③おもに医学や生物学に関連して使われる漢字

咽（咽喉《*インコウ》）　肢（肢体《シタイ》）　腫（腫瘍《シュヨウ》）　腎（腎臓《*ジンゾウ》）

脊（脊椎《*セキツイ》）　椎（脊椎《*セキツイ》）　腺（汗腺《カンセン》）　胎（胎児《タイジ》）

痘（天然痘《テンネントウ》）　培（培養《バイヨウ》）　泌（分泌《ブンピツ》）　膚（皮膚《*ヒフ》）

哺（哺乳《*ホニュウ》）　剖（解剖《*カイボウ》）　肪（脂肪《*シボウ》）　胞（細胞《サイボウ》）

瘍（潰瘍《カイヨウ》）

④ひらがなで書くのが一般的な漢字

虞《おそれ》　且《か》つ　但《ただ》し

⑤その他

尉（大尉《タイイ》）　侯（侯爵《コウシャク》）　佐（大佐《タイサ》）　爵（侯爵《コウシャク》）

帥（元帥《ゲンスイ》）　曹（軍曹《グンソウ》）　陛（陛下《*ヘイカ》）　醸（醸造《ジョウゾウ》）

鋳（鋳造《チュウゾウ》）　逓（逓減《テイゲン》）

畝《うね》　窯《かま》　錦《にしき》　駒《こま》　繭《まゆ》　蚕《かいこ》　薪《たきぎ》　俵《たわら》

②おもに特定の熟語で使用される漢字

挨（挨拶《アイサツ》）　曖（曖昧《アイマイ》）　彙（語彙《ゴイ》）　旺（旺盛《オウセイ》）

拐（誘拐《ユウカイ》）　楷（楷書《カイショ》）　嚇（威嚇《イカク》）　憾（遺憾《イカン》）

伎（歌舞伎《カブキ》）　惧（危惧《キグ》）　憬（憧憬《ショウケイ》）

稽（稽古《ケイコ》・滑稽《コッケイ》）　洪（洪水《コウズイ》）　傲（傲然《ゴウゼン》・傲慢《ゴウマン》）

沙（沙汰《サタ》）　埼（埼玉県《さいたまケン》）　拶（挨拶《アイサツ》）　暫（暫時《ザンジ》・暫定《ザンテイ》）

祉（福祉《フクシ》）　恣（恣意《シイ》）　摯（真摯《シンシ》）　嫉（嫉妬《シット》）

羞（羞恥《シュウチ》・含羞《ガンシュウ》）　叔（叔父《おじ》・叔母《おば》）　循（循環《ジュンカン》）

肖（肖像《ショウゾウ》・不肖《フショウ》）　須（必須《ヒッス》）　戚（親戚《シンセキ》）　踪（失踪《シッソウ》）

遜（謙遜《ケンソン》）　酎（焼酎《ショウチュウ》）　緻（緻密《チミツ》・精緻《セイチ》）　捗（進捗《シンチョク》）

迭（更迭《コウテツ》）　妬（嫉妬《シット》）　搭（搭載《トウサイ》・搭乗《トウジョウ》）

那（刹那《セツナ》・旦那《ダンナ》）　奈（奈良県《ナラケン》・神奈川県《かナがわケン》）

捻（捻挫《ネンザ》・捻出《ネンシュツ》）　氾（氾濫《ハンラン》）　披（披見《ヒケン》・披露《ヒロウ》）

阜（岐阜県《ギフケン》）　訃（訃報《フホウ》）　雰（雰囲気《フンイキ》）　璧（完璧《カンペキ》）

睦（親睦《シンボク》・和睦《ワボク》）　昧（曖昧《アイマイ》・三昧《サンマイ》）　耗（消耗《ショウモウ》）

拉（拉致《ラチ》）　璃（瑠璃《ルリ》）　瑠（瑠璃《ルリ》）　慄（戦慄《センリツ》・慄然《リツゼン》）

侶（僧侶《ソウリョ》・伴侶《ハンリョ》）　虜（虜囚《リョシュウ》・捕虜《ホリョ》）　瞭（明瞭《メイリョウ》・瞭然《リョウゼン》）

2章

漢字マスター

中学校で学習する漢字を、

やさしめのものから順に配列した。

繰《く》り返し練習して、

身につけていこう。

必修問題　初級の漢字①

▼答え　別冊p.10

1

〈漢字の読み〉
――線部の漢字の読みを答えなさい。

□ (1) 学習の一環として工場見学に行く。［　　］
□ (2) 友人から影響を受ける。［　　］
□ (3) 後ろから押されて転んだ。［　　］
□ (4) 当事者から詳しい話を聞く。［　　］
□ (5) 祖母は、まだ歯が丈夫です。［　　］
□ (6) 昨夜恐ろしい夢を見た。［　　］
□ (7) 微生物が落葉を分解する。［　　］
□ (8) 背筋をぴんと伸ばす。［　　］
□ (9) 皆様、右手をご覧下さい。［　　］
□ (10) 幼稚な考えだと言われた。［　　］
□ (11) 向こうが透けて見えるほど薄《うす》い。［　　］
□ (12) こうなったら君だけが頼りだ。［　　］
□ (13) モップで教室の床を磨《みが》く。［　　］
□ (14) 窓を開けて教室の換気をする。［　　］
□ (15) 馬が草原を駆ける。［　　］
□ (16) 祖父に宛てて手紙を書く。［　　］
□ (17) 君の意見は矛盾している。［　　］
□ (18) 困ったときはお互いさまだ。［　　］
□ (19) 規則に違反してはいけない。［　　］
□ (20) 台風の損害を補償する。［　　］
□ (21) 力なく首を横に振る。［　　］
□ (22) 海上にはヨットが浮いている。［　　］
□ (23) 絶妙なタイミングだった。［　　］
□ (24) 腰に手を当てて、体を反らす。［　　］
□ (25) 流行のブーツを履いて出かける。［　　］

ヒント

(1) 全体としてつながりがあるものの一部分、という意味。
(13) 訓読みで答える。複数あるので注意。
(15) 「駆ける」は、速く走ること。

2 〈漢字の書き〉

――線部のカタカナを漢字に直しなさい。

□ (1) 学習に適したカンキョウ。
□ (2) テレビのエイキョウは大きい。
□ (3) 両手でドアをオさえる。
□ (4) 事故のショウサイを報道する。
□ (5) 柱にセタケを計った痕《あと》がある。
□ (6) お礼を言われ、キョウシュクする。
□ (7) 塩分をビリョウに含《ふく》む温泉。
□ (8) シンシュク性のある布地。
□ (9) 三年間カイキンで通した。
□ (10) 川にアユのチギョを放流する。
□ (11) 無色トウメイな液体。
□ (12) 友人からシンライされている。
□ (13) 朝の六時にキショウする。
□ (14) 雪道でタイヤをコウカンする。
□ (15) 最新の技術をクシした映画。
□ (16) アて先不明の手紙。
□ (17) 世の中のムジュンを正したい。
□ (18) ソウゴに意見を出し合う。
□ (19) そこの答えはチガうようだよ。
□ (20) ベンショウを求められる。
□ (21) チームの成績がフシンだ。
□ (22) 会長候補に名前がフジョウする。
□ (23) 気持ちがビミョウに変化する。
□ (24) チュウゴシで構える。
□ (25) 会社にリレキショを送る。

ヒント

(4) くわしく、具体的なこと。
(8) のびたりちぢんだりすること。
(15) 自在にあやつること。
(19) 部首はしんにょう。
(21) ふるわないこと。同音異義語に注意。

中学新出漢字

□環 □影 □響 □押 □詳 □丈 □恐 □微
□伸 □皆 □稚 □透 □頼 □床 □換 □駆
□宛 □矛 □盾 □互 □違 □償 □振 □浮
□妙 □腰 □履

▼答え 別冊p.10

1 〈漢字の読み〉

——線部の漢字の読みを答えなさい。

□ (1) 屈折した光が水底に差す。 [ ]
□ (2) 相手の意図をいち早く悟る。 [ ]
□ (3) 説明する機会を与える。 [ ]
□ (4) 珍しい貝を見つけた。 [ ]
□ (5) 途中で投げ出してはいけない。 [ ]
□ (6) イヤリングが耳元で輝く。 [ ]
□ (7) 歳月人を待たず。 [ ]
□ (8) スポーツに秀でた生徒。 [ ]
□ (9) 腕を大きく振《ふ》って答えた。 [ ]
□ (10) 秋深き隣は何をする人ぞ。 [ ]
□ (11) 冷静沈着な人。 [ ]
□ (12) クラシック音楽を鑑賞する。 [ ]
□ (13) 母にクラスメートを紹介する。 [ ]
□ (14) 荒天にもかかわらず出発する。 [ ]
□ (15) 相手が圧倒的に強かった。 [ ]
□ (16) 別れの場面の描写が感動を呼ぶ。 [ ]
□ (17) 状況は好転しつつある。 [ ]
□ (18) もう少し端に詰《つ》めてくれ。 [ ]
□ (19) 長者の家に忍び込《こ》む。 [ ]
□ (20) プールの後の授業は眠い。 [ ]
□ (21) ものすごい握力だ。 [ ]
□ (22) 子犬にそっと触れてみる。 [ ]
□ (23) 当惑した表情に見える。 [ ]
□ (24) シュートを鮮やかに決める。 [ ]
□ (25) 宿題を忘れて恥ずかしい。 [ ]

ヒント

(2) 「悟る」は、理解すること。
(10) 芭蕉《ばしょう》の有名な俳句。
(18) 訓読みで答える。
(23) とまどうこと、困ること。

2 〈漢字の書き〉
――線部のカタカナを漢字に直しなさい。

□ (1) 走る前によくクッシン運動をする。［　　］
□ (2) 僕《ぼく》にだってカクゴがあるぞ。［　　］
□ (3) 事件にカンヨした疑いがある。［　　］
□ (4) めったにお目にかかれないチンピン。［　　］
□ (5) 薬品のヨウトを確かめる。［　　］
□ (6) カガヤかしい実績を上げた。［　　］
□ (7) 商店街のサイマツセール。［　　］
□ (8) ユウシュウな生徒です。［　　］
□ (9) ワンリョクを振るうなんて最低だ。［　　］
□ (10) キンリンの地区の運動会。［　　］
□ (11) 何となく気分がシズむ。［　　］
□ (12) 宝石の価値をカンテイする。［　　］
□ (13) 当地の名物をショウカイします。［　　］
□ (14) 自信満々で、鼻息がアラい。［　　］
□ (15) トウバクを図《はか》った明治の志士。［　　］
□ (16) 屋上から見える風景をエガく。［　　］
□ (17) アナウンサーがジッキョウする。［　　］
□ (18) 今年の梅雨《つゆ》はキョクタンに長い。［　　］
□ (19) 弟はニンジャになりたいそうだ。［　　］
□ (20) 動物たちがトウミンから目覚める。［　　］
□ (21) 相手の手を強くニギった。［　　］
□ (22) 自動車にセッショクしてしまった。［　　］
□ (23) 地球は太陽系のワクセイだ。［　　］
□ (24) 祖母からシンセンな野菜が届いた。［　　］
□ (25) なんたるハジシらずだ。［　　］

ヒント

(1) まげたり、のばしたりすること。
(5) 使い道、なんのために使うかということ。
(15) 江戸《えど》ばく府をたおすこと。
(21) 手を使って行う動作なので、部首は……。

中学新出漢字

□屈 □悟 □与 □珍 □途 □輝 □歳 □秀
□腕 □隣 □沈 □鑑 □紹 □介 □荒 □倒
□描 □況 □端 □忍 □眠 □握 □触 □惑
□鮮 □恥

▼答え 別冊 p.10

1 〈漢字の読み〉

――線部の漢字の読みを答えなさい。

□ (1) 駅まで迎えに行きます。

□ (2) 水筒から麦茶を飲む。

□ (3) 夜の森は暗闇に包まれる。

□ (4) 手の込んだ細工に感心する。

□ (5) 船が岸を離れていく。

□ (6) 汚れたユニフォームを洗う。

□ (7) 水掛け論をしても時間のむだだ。

□ (8) メールのアドレスを削除した。

□ (9) 私は遅刻したことがありません。

□ (10) 国が税金を徴収する。

□ (11) 朝鮮《ちょうせん》半島から渡来した技術。

□ (12) そんな逃げ腰《ごし》では成功しない。

□ (13) あきれて二の句が継げなかったよ。

□ (14) 近所で盗難事件があったそうだ。

□ (15) 相手の不意を突いて逆転した。

□ (16) 遠くで何か叫ぶ声が聞こえる。

□ (17) 今週は教室の清掃当番だ。

□ (18) 各県から選抜された代表選手。

□ (19) 先生が模範を示した。

□ (20) 思わず歓喜の声を上げる。

□ (21) 冒険の旅に出るストーリー。

□ (22) 経済の低迷《ていめい》が懸念される。

□ (23) 政府を痛烈に批判した記事。

□ (24) 優雅な客船の旅。

□ (25) 父の書いた投書が新聞に載った。

ヒント

(13)「二の句が継げない」は、とっさに言葉が出なくなること。

(22) 先行きを心配すること。

2 〈漢字の書き〉

――線部のカタカナを漢字に直しなさい。

□ (1) 利用客をバスでソウゲイする。〔　　〕
□ (2) 竹のツツに水を入れておく。〔　　〕
□ (3) 月のないヤミヨ。〔　　〕
□ (4) 喜びがコみ上げてきた。〔　　〕
□ (5) 飛行機は予定通りリリクした。〔　　〕
□ (6) 大気のオセンが心配だ。〔　　〕
□ (7) ハンガーに服をカける。〔　　〕
□ (8) カッターナイフで木をケズる。〔　　〕
□ (9) この背広では流行オクれだ。〔　　〕
□ (10) チョウヘイ制度のある国。〔　　〕
□ (11) 大河を船でワタる。〔　　〕
□ (12) 犯人は海外へトウボウした。〔　　〕
□ (13) ケイゾクは力なり。〔　　〕
□ (14) 飼い主の目をヌスんでいたずらする。〔　　〕
□ (15) トツゼン雨が降り出した。〔　　〕
□ (16) 主人公がゼッキョウばかりする映画。〔　　〕
□ (17) 年末の大ソウジを手伝う。〔　　〕
□ (18) 庭の雑草をヌく。〔　　〕
□ (19) 試験のハンイが広すぎる。〔　　〕
□ (20) 君の参加をカンゲイするよ。〔　　〕
□ (21) 流行性のカンボウにかかった。〔　　〕
□ (22) ケンメイな努力が実った。〔　　〕
□ (23) キョウレツな一言だった。〔　　〕
□ (24) 祖母は俳句のガゴウを持っている。〔　　〕
□ (25) 積み荷をマンサイしたトラック。〔　　〕

ヒント

(1) おくりむかえすること。
(10) 国が一般《いっぱん》の国民を軍隊の仕事につかせること。
(21) 一般に「かぜ」と呼ばれる病気のこと。
(24) 文芸などの世界で本名以外に用いる趣《おもむき》のある名前。
(25) めいっぱいのせること。

中学新出漢字

□迎 □筒 □闇 □込 □離 □汚 □掛 □削
□遅 □徴 □渡 □逃 □継 □盗 □突 □叫
□掃 □抜 □範 □歓 □冒 □懸 □烈 □雅
□載

必修問題　初級の漢字④

▼答え　別冊 p.11

1 〈漢字の読み〉

――線部の漢字の読みを答えなさい。

□ (1) 三つの項目に分けて解説する。［　　］
□ (2) 口が堅くて信用できる。［　　］
□ (3) 鎌倉《かまくら》幕府は一三三三年に滅んだ。［　　］
□ (4) この部屋では狭いだろう。［　　］
□ (5) 進路を選択しなければならない。［　　］
□ (6) 誰か来たようだ。［　　］
□ (7) なくて七癖。［　　］
□ (8) 帰りが遅《おそ》いと叱られた。［　　］
□ (9) 不思議な縁で結ばれた仲。［　　］
□ (10) ゴールの瞬間を写した写真。［　　］
□ (11) 天にも昇る気持ち。［　　］
□ (12) そろそろ爪を切りなさい。［　　］
□ (13) 東京に営業の拠点を置く。［　　］
□ (14) 昨夜は十時に寝た。［　　］
□ (15) アルカリ性の溶液。［　　］
□ (16) 思ったより奥行きがある建物。［　　］
□ (17) 隣《となり》の芝生は青い。［　　］
□ (18) 高校の普通科に進学する。［　　］
□ (19) 巨大な魚がすむ川。［　　］
□ (20) 用件を果たさず戻ってきた。［　　］
□ (21) 調査団を派遣する。［　　］
□ (22) 肉と野菜を串《くし》に刺す。［　　］
□ (23) 食べ物を粗末にしてはいけない。［　　］
□ (24) 振《ふ》り向いた拍子にぶつかった。［　　］
□ (25) 今日も一日お疲れさま。［　　］

ヒント

(7)「なくて七癖」は、自覚がなくても人には何かしら癖があるものだという意味の慣用句。
(17)「隣の芝生は青い」は、他人の持ち物は自分の物よりよく見えるという意味の慣用句。

2 〈漢字の書き〉

――線部のカタカナを漢字に直しなさい。

□ (1) 入学試験のヨウコウを取り寄せる。
□ (2) 守りのケンゴな城。
□ (3) 平家《へいけ》のメッボウの様子を本で読む。
□ (4) 法律をキョウギに解釈《かいしゃく》する。
□ (5) AかBかの二者タクイツだ。
□ (6) ダレでも見学できます。
□ (7) 「どんと来い」がクチグセだ。
□ (8) だらしない部下をシッセキする。
□ (9) 茶柱が立つとはエンギが良い。
□ (10) イッシュンで勝負はついた。
□ (11) 副大臣から大臣にショウカクした。
□ (12) ツマサキでリズムをとる。
□ (13) そう考えるコンキョは何か。
□ (14) シンシツのベッドで休む。
□ (15) 砂糖をお湯にトく。
□ (16) オクバをかみしめる。
□ (17) あの役者はシバイがうまい。
□ (18) フダンから健康には注意している。
□ (19) キョガクの損失を出して倒産《とうさん》した。
□ (20) ここまで来たらアトモドりできない。
□ (21) 言葉ヅカいが上品だ。
□ (22) 舌にシゲキを感じる。
□ (23) タマネギをアラく刻む。
□ (24) 面接の前はシンパクスウが上がる。
□ (25) 一晩ですっかりヒロウはとれた。

ヒント

(1) 必要な事柄《ことがら》ややり方をまとめて記したもの。
(2) かたいこと。同訓異字を組み合わせた熟語。
(4) 範囲《はんい》をせまくかぎって用いられる意味。

中学新出漢字

□項 □堅 □滅 □狭 □択 □誰 □癖 □叱
□緑 □瞬 □昇 □爪 □拠 □寝 □溶 □奥
□芝 □普 □巨 □戻 □遺 □刺 □粗 □拍
□疲

必修問題 初級の漢字⑤

▼答え 別冊 p.11

1 〈漢字の読み〉

――線部の漢字の読みを答えなさい。

□ (1) ネクタイが斜めになっているよ。
□ (2) 替え歌を作って遊ぶ。
□ (3) 和服を着るときは足袋を履《は》く。
□ (4) この一帯は地盤がしっかりしている。
□ (5) 幅が狭《せま》い道路。
□ (6) ちょっとした騒動が起きた。
□ (7) 盛大な誕生パーティーを催す。
□ (8) 財宝を山中に隠す。
□ (9) 一緒に学校へ行こう。
□ (10) 当店では輸入品を扱っております。
□ (11) この山を越えれば村は間近だ。
□ (12) 習い事で遊ぶ暇がない。
□ (13) 他の乗客の足を踏んでしまった。
□ (14) 昨年の数値と比較する。
□ (15) 試験の前に先生に励まされた。
□ (16) この符号の意味は何ですか。
□ (17) 広大な砂丘で有名な海岸。
□ (18) 神社の由来を記した石碑。
□ (19) 休日の前は気持ちが弾む。
□ (20) 木を彫って仏像を作る。
□ (21) 消防署に出動の要請があった。
□ (22) 埋蔵された文化財を発見する。
□ (23) 電車は徐行運転を続けた。
□ (24) 聴衆に向かって語りかける。
□ (25) 盗《ぬす》みの罪で罰せられた。

ヒント

(3) 常用漢字表の付表の語。本来の音訓ではないので注意。
(7)(10) 三文字で答える。
(12) 訓読みで答える。

2 〈漢字の書き〉

――線部のカタカナを漢字に直しなさい。

□ (1) 南側のシャメンに桜を植える。〔　　〕
□ (2) ジャージにキガえなさい。〔　　〕
□ (3) 毛糸でテブクロを編む。〔　　〕
□ (4) 試合はまだジョバンだ。〔　　〕
□ (5) ゼンプクの信頼《しんらい》をおいている。〔　　〕
□ (6) 大勢でサワぐ声が聞こえる。〔　　〕
□ (7) これより文化祭をカイサイします。〔　　〕
□ (8) 仕事を辞《や》めてインキョする。〔　　〕
□ (9) 話し合いが和解のタンショとなる。〔　　〕
□ (10) 上級生も下級生も同等にアツカう。〔　　〕
□ (11) ユウエツカンをもっている。〔　　〕
□ (12) キュウカをとって旅行に出かける。〔　　〕
□ (13) ヒマラヤ山脈をトウハする。〔　　〕
□ (14) 今日はヒカクテキ暖かいね。〔　　〕
□ (15) 代表選手を空港でゲキレイする。〔　　〕
□ (16) 新幹線のキップを買う。〔　　〕
□ (17) オカの上まで家が建ち並ぶ。〔　　〕
□ (18) 全国大会優勝のキネンヒを建てる。〔　　〕
□ (19) ダンガンのような強烈《きょうれつ》なシュート。〔　　〕
□ (20) パリでチョウコクを学んだ。〔　　〕
□ (21) 料金をセイキュウする。〔　　〕
□ (22) 客席はほぼすべてウまっている。〔　　〕
□ (23) ジョジョに成績が上がっている。〔　　〕
□ (24) ごセイチョウありがとうございます。〔　　〕
□ (25) 違反《いはん》にバッソクを設ける。〔　　〕

ヒント

(5) あるかぎりすべてということ。
(8) 社会から遠ざかって暮らすこと。
(9) 「タンチョ」ともいう。
(11) 自分の方がすぐれているとかんじること。
(24) しずかにきき入ること。

中学新出漢字

□斜 □替 □袋 □盤 □幅 □騒 □催 □隠
□緒 □扱 □越 □暇 □踏 □較 □励 □符
□丘 □碑 □弾 □彫 □請 □埋 □徐 □聴
□罰

必修問題 初級の漢字⑥

▼答え 別冊p.11

1

〈漢字の読み〉

――線部の漢字の読みを答えなさい。

□ (1) 驚くべきニュースだ。〔　　〕
□ (2) 警備の仕事を依頼する。〔　　〕
□ (3) 朝の挨拶をきちんとする。〔　　〕
□ (4) 傷口にばんそうこうを貼る。〔　　〕
□ (5) 劇で魔法使いの役を演じる。〔　　〕
□ (6) 蜜蜂が花のまわりを飛んでいる。〔　　〕
□ (7) 慌てて家を出て、忘れ物をした。〔　　〕
□ (8) 審判が試合開始を宣告する。〔　　〕
□ (9) 床《とこ》の間《ま》に水墨画を掛《か》ける。〔　　〕
□ (10) アサガオの種を鉢に植える。〔　　〕
□ (11) 騒々《そうぞう》しい音楽は嫌いだ。〔　　〕
□ (12) 大事な腕時計《うでどけい》が壊れてしまった。〔　　〕
□ (13) 欧州の首脳が来日する。〔　　〕
□ (14) ズボンの破れを繕う。〔　　〕
□ (15) 山頂からの眺望がすばらしい。〔　　〕
□ (16) 風邪《かぜ》で喉が痛い。〔　　〕
□ (17) 国語の成績がやや劣っている。〔　　〕
□ (18) 多彩な顔ぶれが集まった。〔　　〕
□ (19) 光沢のある生地の洋服。〔　　〕
□ (20) 携帯電話で連絡《れんらく》を取る。〔　　〕
□ (21) 大軍の前に城は陥落した。〔　　〕
□ (22) 学校までの道順を尋ねられた。〔　　〕
□ (23) 歩き疲れて膝が痛い。〔　　〕
□ (24) 花見の席にゴザを敷く。〔　　〕
□ (25) 夏には雑草が茂る庭。〔　　〕

ヒント

(1) (14) は三文字で答える。
(15) 遠くの方のながめ、見晴らしのこと。
(21) 攻め落《せ》とされること。

2 〈漢字の書き〉

――線部のカタカナを漢字に直しなさい。

□ (1) キョウイ的な記録が出た。〔　〕
□ (2) 資源を輸入にイゾンしている。〔　〕
□ (3) 先生にアイサツしてから帰宅する。〔　〕
□ (4) ハガキに切手をチョウフする。〔　〕
□ (5) ついマが差してしまったのです。〔　〕
□ (6) パンにハチミツをつけて食べた。〔　〕
□ (7) 株価が暴落してキョウコウが起きる。〔　〕
□ (8) フシンな人物を見かけた。〔　〕
□ (9) スミで書かれた、達筆な手紙。〔　〕
□ (10) ハチマきをまいてリレーを走る。〔　〕
□ (11) 今日はなんだかキゲンが悪いね。〔　〕
□ (12) 戦争で町はハカイされた。〔　〕
□ (13) オウベイ各国と貿易をする。〔　〕
□ (14) 台風の前に屋根をシュウゼンする。〔　〕
□ (15) 授業中に窓の外をナガめるな。〔　〕
□ (16) ノドモト過ぎれば熱さを忘れる。〔　〕
□ (17) 姉へのレットウカンに苦しむ。〔　〕
□ (18) 鮮《あざ》やかなシキサイの洋服。〔　〕
□ (19) サワで水遊びをする。〔　〕
□ (20) 警察とレンケイして防犯に当たる。〔　〕
□ (21) 困った事態にオチイる。〔　〕
□ (22) 敵の兵士をジンモンする。〔　〕
□ (23) ヒザガシラをそろえる。〔　〕
□ (24) 武家ヤシキを見学する。〔　〕
□ (25) シゲみでボールを見失った。〔　〕

ヒント

(2)「イゾン」ともいう。
(4) はりつけること。「テンプ」ともいう。
(16)「ノドモト過ぎれば熱さを忘れる」は、苦しみも過ぎてしまえば忘れてしまうという意味のことわざ。
(17) 自分の方がおとっているとかんじること。

中学新出漢字

□驚 □依 □挨 □拶 □貼 □魔 □蜜 □蜂
□慌 □審 □墨 □鉢 □嫌 □壊 □欧 □繕
□眺 □喉 □劣 □彩 □沢 □携 □陥 □尋
□膝 □敷 □茂

必修問題　初級の漢字⑦

▼答え　別冊 p.12

1

〈漢字の読み〉
――線部の漢字の読みを答えなさい。

□ (1) 意見を正確に伝えることが肝要だ。　[　　]
□ (2) 敵は空から攻撃してきた。　[　　]
□ (3) 価格が上昇《じょうしょう》する傾向がある。　[　　]
□ (4) 双眼鏡で鳥を観察する。　[　　]
□ (5) 昨夜は民宿に泊まった。　[　　]
□ (6) 麦を刈り取る季節になった。　[　　]
□ (7) 犯罪をひそかに企てる。　[　　]
□ (8) 礼には及ばないよ。　[　　]
□ (9) 父に肩車されて笑っている。　[　　]
□ (10) 冷たい北風が吹く。　[　　]
□ (11) 制服を脱いで、私服を着る。　[　　]
□ (12) 隣国《りんごく》との間に経済摩擦が生じる。　[　　]
□ (13) 東京湾でとれた江戸前《えどまえ》の魚。　[　　]
□ (14) お茶で喉《のど》を湿らせる。　[　　]
□ (15) 戦争中は疎開していた。　[　　]
□ (16) そんなに怒らなくてもよい。　[　　]
□ (17) キャラクターつきの封筒。　[　　]
□ (18) 秋風に涼しさを感じる。　[　　]
□ (19) 世界各地で紛争が絶えない。　[　　]
□ (20) 偉人伝を読むのが好きだ。　[　　]
□ (21) 一般に天気は西から変わっていく。　[　　]
□ (22) 高原の澄んだ空気が心地《ここち》よい。　[　　]
□ (23) 親の了解を取ってキャンプに行く。　[　　]
□ (24) 柔らかな手触《てざわ》りの毛布。　[　　]
□ (25) 賢明な判断を下したね。　[　　]

ヒント

(1) きわめて大事であること。
(7) 三文字で答える。
(20) えらくなった人の人生をたどった読み物。
(25) かしこい、的確であるということ。

2 〈漢字の書き〉——線部のカタカナを漢字に直しなさい。

□ (1) 合宿でキモダメしをする。 [　　]
□ (2) コウゲキリョクの優《すぐ》れたチーム。 [　　]
□ (3) 太陽が西にカタムく。 [　　]
□ (4) 兄の家にフタゴが生まれた。 [　　]
□ (5) ガイハクは許可してもらえない。 [　　]
□ (6) 床屋《とこや》で頭をカってもらう。 [　　]
□ (7) 卒業生を送る会をキカクする。 [　　]
□ (8) 容疑者としてツイキュウを受ける。 [　　]
□ (9) 会社は君のソウケンにかかっている。 [　　]
□ (10) スイソウガク部で活動する。 [　　]
□ (11) 国外へダッシュツする。 [　　]
□ (12) マサツで熱が生じる。 [　　]
□ (13) ワンガン地域に工業地帯ができる。 [　　]
□ (14) シツドが高く、蒸《む》し暑い。 [　　]
□ (15) 卒業後はソエンになってしまった。 [　　]
□ (16) メロスはゲキドした。 [　　]
□ (17) 中世のホウケン社会。 [　　]
□ (18) セイリョウ飲料水。 [　　]
□ (19) 財布《さいふ》をフンシツしてしまった。 [　　]
□ (20) 将来はエラい人になりたい。 [　　]
□ (21) ショハンの都合で中止とします。 [　　]
□ (22) 耳をスましてごらん。 [　　]
□ (23) 準備カンリョウだ。 [　　]
□ (24) ユウジュウ不断で困る。 [　　]
□ (25) 小遣《こづか》いはカシコく使おう。 [　　]

ヒント

(5) 自分の家以外にとまること。
(8) 同音異義語に注意。
(9) 左右両方のかたのこと。責任を負うことをたとえていう。
(21) いろいろなこと。
(24) 「ユウジュウ不断」は、判断や決断がなかなかできないこと。

中学新出漢字

□肝 □攻 □撃 □傾 □双 □泊 □刈 □企
□及 □肩 □吹 □脱 □摩 □擦 □湾 □湿
□疎 □怒 □封 □涼 □紛 □偉 □般 □澄
□了 □柔 □賢

▼答え 別冊 p.12

1

〈漢字の読み〉
――線部の漢字の読みを答えなさい。

□ (1) 漢字検定一級に挑む。 〔　　〕
□ (2) 排気ガスの量を規制する。 〔　　〕
□ (3) 鋭い観察眼だ。 〔　　〕
□ (4) 時代を超越する名作。 〔　　〕
□ (5) 棚からお皿をとってちょうだい。 〔　　〕
□ (6) 借金の返済を迫る。 〔　　〕
□ (7) 庶民の味方をアピールする。 〔　　〕
□ (8) 優勝は夢か幻か。 〔　　〕
□ (9) 薄情なことを言わないでよ。 〔　　〕
□ (10) 筆記試験は免除します。 〔　　〕
□ (11) 滑らかな口調で話す。 〔　　〕
□ (12) 名前をど忘れして冷や汗をかいた。 〔　　〕
□ (13) 興奮を抑えきれない。 〔　　〕
□ (14) 遠慮せずに召《め》し上がれ。 〔　　〕
□ (15) 新兵器の威力を試《ため》す。 〔　　〕
□ (16) サーカスで綱渡りを見た。 〔　　〕
□ (17) 泥だらけになって遊ぶ。 〔　　〕
□ (18) 食品添加物は使用していません。 〔　　〕
□ (19) 寒くなると動きが鈍くなる。 〔　　〕
□ (20) 北海道では初雪が舞いました。 〔　　〕
□ (21) 即席の料理で恐縮《きょうしゅく》です。 〔　　〕
□ (22) むだな抵抗はやめろ。 〔　　〕
□ (23) 父は今年厄年だそうだ。 〔　　〕
□ (24) 政党が二つに分裂した。 〔　　〕
□ (25) りんごの収穫が行われた。 〔　　〕

ヒント

(3) 三文字で答える。
(8) 四文字で答える。
(21) 手間をかけず、すぐにできること。
(23) 体の不調や災難が起こりやすいとされる年齢《ねんれい》。

2 〈漢字の書き〉——線部のカタカナを漢字に直しなさい。

□ (1) 今年はピアノにチョウセンしたい。〔　〕
□ (2) 少数派をハイジョしてはいけない。〔　〕
□ (3) 新進キエイの作家。〔　〕
□ (4) コウモリはチョウオンパを出す。〔　〕
□ (5) 奥《おく》の間にカミダナが祭ってある。〔　〕
□ (6) 大きな画面でハクリョクが違《ちが》う。〔　〕
□ (7) ショミンの暮らしぶりを物語る。〔　〕
□ (8) 不思議でゲンソウ的な絵画。〔　〕
□ (9) ウスく切って刺身《さしみ》にします。〔　〕
□ (10) 母は教員メンキョをもっている。〔　〕
□ (11) スキーで山の斜面《しゃめん》をカッコウする。〔　〕
□ (12) ハッカン作用のある漢方薬。〔　〕
□ (13) 物価の上昇《じょうしょう》をヨクセイする。〔　〕
□ (14) シリョ深い態度。〔　〕
□ (15) 国家元首としてのイゲンを保つ。〔　〕
□ (16) 馬にまたがり、タヅナを握《にぎ》る。〔　〕
□ (17) 成績はウンデイの差だ。〔　〕
□ (18) オムレツにパセリをソえる。〔　〕
□ (19) 人の気持ちにドンカンだ。〔　〕
□ (20) ミュージカルのブタイに立つ。〔　〕
□ (21) ソッキョウで詩を作る。〔　〕
□ (22) 議会で反対派のテイコウにあう。〔　〕
□ (23) サイヤクがふりかかる。〔　〕
□ (24) 新聞紙を細かくサく。〔　〕
□ (25) 小麦のシュウカクキを迎《むか》えた。〔　〕

ヒント

(11) すべりおりること。
(12) あせをかくこと。
(16) 「タ」は特殊《とくしゅ》な読み。本来の音訓ではないので注意。
(17) 「ウンデイの差」は、非常に大きな差をいう慣用句。
(18) (24) 同訓異字に注意。

中学新出漢字

□挑 □排 □鋭 □超 □棚 □迫 □庶 □幻
□薄 □免 □滑 □汗 □抑 □慮 □威 □綱
□泥 □添 □鈍 □舞 □即 □抵 □抗 □厄
□裂 □穫

必修問題 初級の漢字⑨

▼答え 別冊 p.12

1 〈漢字の読み〉
――線部の漢字の読みを答えなさい。

□ (1) バラの茎にはとげがある。［　　］
□ (2) 対岸まで橋を架ける。［　　］
□ (3) 殺虫剤を散布する。［　　］
□ (4) 泡を食って出かけていった。［　　］
□ (5) 環境《かんきょう》に恵まれている。［　　］
□ (6) 真相は謎のままだ。［　　］
□ (7) 家の前は緩い坂になっている。［　　］
□ (8) 今大会は代表選考も兼ねている。［　　］
□ (9) 気持ちが揺れている。［　　］
□ (10) 黙って聞いている。［　　］
□ (11) 飛行機の胴体に日の丸が描《か》いてある。［　　］
□ (12) エンジンから煙が吹《ふ》き出す。［　　］
□ (13) 地面に伏せて隠《かく》れる。［　　］
□ (14) いつまでも失敗を嘆くな。［　　］
□ (15) 笑顔《えがお》が魅力的だ。［　　］
□ (16) 先祖伝来の掛《か》け軸。［　　］
□ (17) 飛び跳ねて喜んでいる。［　　］
□ (18) 実験結果の分析を行う。［　　］
□ (19) 今後の活躍に期待しています。［　　］
□ (20) 逃《に》げる犯人を捕まえた。［　　］
□ (21) 家族旅行に一人行けず、寂しい。［　　］
□ (22) ある難病の治療法が発見された。［　　］
□ (23) 脂っこい食べ物は苦手です。［　　］
□ (24) 悩んだ末に志望校を決定した。［　　］
□ (25) 不満が爆発しそうだ。［　　］

ヒント

(1) 訓読みで答える。
(4) 「泡を食う」は、非常に慌《あわ》てている様子。

2 〈漢字の書き〉線部のカタカナを漢字に直しなさい。

□ (1) チカケイがジャガイモになる。〔　　〕
□ (2) カクウの話を想像する。〔　　〕
□ (3) ヤクザイシには資格が必要です。〔　　〕
□ (4) 努力がスイホウに帰した。〔　　〕
□ (5) 減税のオンケイを受けられる。〔　　〕
□ (6) ナゾめいた人物。〔　　〕
□ (7) 話す速さにカンキュウをつける。〔　　〕
□ (8) 二つの会社の社長をケンニンする。〔　　〕
□ (9) 隠し事がばれてドウヨウする。〔　　〕
□ (10) チンモクを破って急に話し出す。〔　　〕
□ (11) 優勝投手をドウアげする。〔　　〕
□ (12) エンマクをはってまんまと逃げた。〔　　〕
□ (13) 大軍を前に敵はコウフクした。〔　　〕
□ (14) 見事な出来映《できば》えにカンタンする。〔　　〕
□ (15) 多くのファンをミワクする演技。〔　　〕
□ (16) ジクアシに体重を乗せて構える。〔　　〕
□ (17) ナワトびの練習をする。〔　　〕
□ (18) 事故の原因をブンセキする。〔　　〕
□ (19) 生き生きとヤクドウしている。〔　　〕
□ (20) 野球部でホシュをしています。〔　　〕
□ (21) 荒《あ》れてサビしい山寺。〔　　〕
□ (22) 病後のリョウヨウを続けています。〔　　〕
□ (23) 新開発のジュシを表面に用いている。〔　　〕
□ (24) 人間関係にクノウする主人公。〔　　〕
□ (25) バクダンが破裂《はれつ》した。〔　　〕

ヒント

(4)「スイホウに帰す」は、すべてがむだになること。
(7)遅《おそ》くしたり、速めたりすること。
(9)(14)同音異義語に注意。
(18)「セキ」の部首に注意。

中学新出漢字

□茎 □架 □剤 □泡 □恵 □謎 □緩 □兼
□揺 □黙 □胴 □煙 □伏 □嘆 □魅 □軸
□跳 □析 □躍 □捕 □寂 □療 □脂 □悩
□爆

必修問題　初級の漢字⑩

▼答え　別冊p.13

1

〈漢字の読み〉

――線部の漢字の読みを答えなさい。

(1) 甘い物はひかえている。
(2) 無我夢中で踊っている。
(3) 穴を掘ってゴミを埋《う》める。
(4) シートベルトを締めましょう。
(5) 幾度も電話をしたが、誰《だれ》も出ない。
(6) マフラーで顔の半分を覆う。
(7) 軒に風鈴《ふうりん》をつるす。
(8) ほめられても謙遜するのがよい。
(9) わが家の家紋は「梅鉢《うめばち》」です。
(10) あいにくの曇り空だ。
(11) もっと丁寧に書きましょう。
(12) 正月には近くの神社に詣でる。
(13) このところ肌寒い日が続く。
(14) 新人文学賞を獲得した。
(15) 先生の話に感銘を受けた。
(16) 外国の小説を翻訳する。
(17) 玄米は体によいそうだ。
(18) 敵の陣地を攻撃《こうげき》する。
(19) 粋な服装で現れる。
(20) ジャムの蓋がなかなか開かない。
(21) 郊外の住宅街に暮らす。
(22) 新しい制服に袖を通す。
(23) 問題を解く鍵が見つからない。
(24) 滑稽なしぐさで笑わせる。
(25) 賃金の値上げを交渉する。

ヒント

(7)(19) 訓読みで答える。
(9) 家によって決められたしるし。

2 〈漢字の書き〉

――線部のカタカナを漢字に直しなさい。

□ (1) 人工カンミ料は使用しておりません。
□ (2) 日本ブヨウを習っています。
□ (3) 化石のハックツ作業に参加する。
□ (4) 友好条約をテイケツする。
□ (5) キカガクの問題を解く。
□ (6) 強盗《ごうとう》はフクメンをしていた。
□ (7) 商店が二十ケンほど並んでいる。
□ (8) ケンソンも過ぎると嫌《いや》みになる。
□ (9) 首相の発言がハモンを呼んだ。
□ (10) 今にも降り出しそうなドンテン。
□ (11) アンネイな日々を送る。
□ (12) 家族でハツモウデに出かける。
□ (13) 汗をかいたのでハダギを替《か》える。
□ (14) 新種の動物をホカクした。
□ (15) 校長先生の言葉を心にメイキする。
□ (16) 反対する人にホンイを迫《せま》る。
□ (17) ゲンカンから家に上がる。
□ (18) 社長がジントウで指揮をとる。
□ (19) 子どものジュンスイな心。
□ (20) ズガイコツのレントゲン写真。
□ (21) 都市キンコウの農村が宅地化する。
□ (22) ハンソデのシャツを着る。
□ (23) ケンバン楽器を演奏する。
□ (24) ピアノのケイコに励《はげ》む。
□ (25) 私生活にはカンショウしない。

ヒント

(5) 数がくの分野の一つ。
(15) 心に深く刻みつけて、忘れないこと。
(16) 自分の考えや意見をひるがえすこと。
(18) ことが行われている現場の先とうのこと。

中学新出漢字

□甘 □踊 □掘 □締 □幾 □覆 □軒 □謙
□遜 □紋 □曇 □寧 □詣 □肌 □獲 □銘
□翻 □玄 □陣 □粋 □蓋 □郊 □袖 □鍵
□稽 □渉

必修問題　中級の漢字①

▼答え　別冊p.13

1

〈漢字の読み〉

――線部の漢字の読みを答えなさい。

□ (1) 図書館に本を返却する。
□ (2) 脅し文句にも屈《くっ》しない。
□ (3) 鏡で髪形を整える。
□ (4) 大雨で川の水が濁っている。
□ (5) 愉快な物語。
□ (6) 充実した学校生活を送る。
□ (7) おしゃべりしている時間が惜しい。
□ (8) 抽象的でわかりにくい話。
□ (9) 試験の監督をする。
□ (10) 将来福祉に関係する仕事がしたい。
□ (11) 重厚《じゅうこう》な瓦屋根の家。
□ (12) 決して隙を見せない。
□ (13) 台風による増水で土手が崩れた。
□ (14) 友達を誘って遊びに行く。
□ (15) 日本は長寿の国として知られる。
□ (16) 原油を運搬するタンカー。
□ (17) 鋭敏な感覚の持ち主。
□ (18) ロウソクの炎が揺《ゆ》れる。
□ (19) 小舟に乗って川を下る。
□ (20) 辛い食べ物が好きです。
□ (21) 寒さに震えながらバスを待つ。
□ (22) 市民運動が環境破壊《かんきょうはかい》を阻止する。
□ (23) 去年の肝試《きもだめ》しは怖かった。
□ (24) 大きな荷物を抱えている。
□ (25) ついに本音を吐いたな。

ヒント

(11)(18) 三文字で答える。
(24) 訓読みが複数あるので注意。

2 〈漢字の書き〉

――線部のカタカナを漢字に直しなさい。

□ (1) 私の提案はキャッカされた。 [　　]
□ (2) 犯人はキョウハク状を送ってきた。 [　　]
□ (3) 床屋《とこや》でサンパツをしてもらう。 [　　]
□ (4) 橋がダクリュウに押《お》し流された。 [　　]
□ (5) 君の態度はフユカイだ。 [　　]
□ (6) 疲《つか》れて目がジュウケツしている。 [　　]
□ (7) 優勝チームにセキハイした。 [　　]
□ (8) 香りの成分をチュウシュツする。 [　　]
□ (9) カントクの指示通りに戦う。 [　　]
□ (10) 社会フクシの予算を増額する。 [　　]
□ (11) 屋根のカワラが落ちてきた。 [　　]
□ (12) 戸のスキマから猫《ねこ》が逃《に》げた。 [　　]
□ (13) 汚職《おしょく》のために政権がホウカイした。 [　　]
□ (14) ユウワクには負けないぞ。 [　　]
□ (15) びっくりしてジュミョウが縮んだ。 [　　]
□ (16) 展示作品を美術館にハンニュウする。 [　　]
□ (17) 人の心の動きにビンカンだ。 [　　]
□ (18) エンテンカの激しい運動は危険だ。 [　　]
□ (19) 古代人が作ったマルキブネ。 [　　]
□ (20) わずか一点差のシンショウだった。 [　　]
□ (21) ダイジシンを想定した防災訓練。 [　　]
□ (22) 日照不足が発育をソガイする。 [　　]
□ (23) 破滅《はめつ》のキョウフと戦う。 [　　]
□ (24) 将来に希望をイダく。 [　　]
□ (25) ほっとして思わずトイキをもらす。 [　　]

ヒント

(8) 必要なものだけ、ひきだすこと。
(16) 運び込《こ》むこと。
(18) 太陽が強く照りつけ、非常に暑いこと。
(20) かろうじてかつこと。
(22) さまたげること。

中学新出漢字

□却 □脅 □髪 □濁 □愉 □充 □惜 □抽
□監 □督 □祉 □瓦 □隙 □崩 □誘 □寿
□搬 □敏 □炎 □舟 □辛 □震 □阻 □怖
□抱 □吐

必修問題　中級の漢字②

▼答え　別冊p.13

1 〈漢字の読み〉

――線部の漢字の読みを答えなさい。

- □ (1) ダイヤモンドは最も硬い鉱物だ。〔　　〕
- □ (2) 損害を被った。〔　　〕
- □ (3) 友人の誘《さそ》いを拒む。〔　　〕
- □ (4) 自慢の手料理を振《ふ》る舞《ま》う。〔　　〕
- □ (5) 粘り強く交渉《こうしょう》する。〔　　〕
- □ (6) いつも冗談ばかり言っている。〔　　〕
- □ (7) ツアーの参加者を募る。〔　　〕
- □ (8) 甲乙つけがたい成績。〔　　〕
- □ (9) クリスマスの飾り付け。〔　　〕
- □ (10) 山岳ガイドになりたい。〔　　〕
- □ (11) ススキの穂が風に揺《ゆ》れる。〔　　〕
- □ (12) 優《やさ》しく教え諭す。〔　　〕
- □ (13) 強豪チームとの前評判が高い。〔　　〕
- □ (14) 梅が匂うように咲《さ》いている。〔　　〕
- □ (15) 現金を奪って逃《に》げた。〔　　〕
- □ (16) 孫の写真を撮る。〔　　〕
- □ (17) 今の成績なら合格圏内だ。〔　　〕
- □ (18) ピアノの伴奏で歌う。〔　　〕
- □ (19) 頑固な性格で困ったものだ。〔　　〕
- □ (20) 鉛筆を家に忘れてきた。〔　　〕
- □ (21) お盆に乗せてケーキと紅茶を運ぶ。〔　　〕
- □ (22) 涙なくしては見られないドラマ。〔　　〕
- □ (23) ペットに栄養のある餌をやる。〔　　〕
- □ (24) 敷地《しきち》の大半を倉庫が占めている。〔　　〕
- □ (25) 戦国時代を壮大なスケールで描《えが》く。〔　　〕

ヒント

(2) 三文字で答える。
(8) 「甲乙つけがたい」は、二つのものが同等で優劣《ゆうれつ》がつけられないこと。

2 〈漢字の書き〉
――線部のカタカナを漢字に直しなさい。

□ (1) 明治時代の一円コウカ。
□ (2) 幸いヒガイは軽かった。
□ (3) 申し出をキョヒする。
□ (4) マンセイの病気に苦しむ。
□ (5) このテープはネンチャク力が強い。
□ (6) ジョウチョウな文章を添削《てんさく》する。
□ (7) 職員の新規採用にオウボする。
□ (8) どちらの品もコウオツつけがたい。
□ (9) 派手なソウショク品は禁止だ。
□ (10) 冬の白馬《しろうま》ダケに登頂した。
□ (11) やりのホサキを突《つ》き出す。
□ (12) 高校のキョウユをしております。
□ (13) ゴウカイなホームラン。
□ (14) 花の香りがあたりにニオう。
□ (15) チャンピオンの座をダッカイした。
□ (16) 春の風景をサツエイする。
□ (17) ロケットはタイキケンに突入《とつにゅう》した。
□ (18) 大統領は夫人をトモナって来日した。
□ (19) ガンジョウな鍵《かぎ》がかかっている。
□ (20) 今日の海はナマリイロだ。
□ (21) 奈良ボンチ。
□ (22) カンルイにむせぶ。
□ (23) 小動物がタカのエジキになる。
□ (24) 軍隊が武力で町をセンキョした。
□ (25) 全国大会出場のソウコウカイ。

ヒント

(1) 金属でできたお金のこと。
(4) 長引いて、なかなか治らないこと。
(6) むだに長いこと。
(14) 同訓異字に注意。
(22) かん動のあまり流すなみだのこと。

中学新出漢字

□硬 □被 □拒 □慢 □粘 □冗 □募 □甲
□乙 □飾 □岳 □穂 □諭 □豪 □匂 □奪
□撮 □圏 □伴 □頑 □鉛 □盆 □涙 □餌
□占 □壮

必修問題 中級の漢字③

▼答え 別冊p.14

1 〈漢字の読み〉

――線部の漢字の読みを答えなさい。

□ (1) 今の発言は訂正します。
□ (2) むだ遣《づか》いを戒める。
□ (3) 基本の動作を繰り返す。
□ (4) 電力量を制御する装置。
□ (5) 餅は餅屋。
□ (6) 神をも畏れぬ振《ふ》る舞《ま》い。
□ (7) 石器時代の集落の跡。
□ (8) 母校を誇りに思う。
□ (9) 趣味はイラストを描《えが》くことです。
□ (10) 高い塔をもつ古城。
□ (11) 腫《は》れが引くまで患部を冷やす。
□ (12) 市立第三中学校、通称「三中」。
□ (13) スペインはインカ文明を征服した。
□ (14) プラカードを掲げて歩く。
□ (15) 淡いブルーのセーターを着る。
□ (16) 問題は既に解決した。
□ (17) なんだか陰気な部屋だな。
□ (18) 師と仰ぐ音楽家。
□ (19) 選挙を棄権する。
□ (20) 醜い争いごとはやめろ。
□ (21) 姉の化粧品を拝借する。
□ (22) 学級委員には山田君を薦めたい。
□ (23) お金持ちで虚栄心が強い。
□ (24) 庭でヘチマを栽培している。
□ (25) 古い自転車を弟に譲る。

ヒント

(2)(20) 三文字で答える。
(5) 「餅は餅屋」は、その道の専門家にまかせるのがよいということわざ。
(16) 訓読みで答える。

2 〈漢字の書き〉
―線部のカタカナを漢字に直しなさい。

□ (1) 来年から教科書がカイテイされる。〔　　〕
□ (2) 宗教の厳しいカイリツ。〔　　〕
□ (3) 大勢の人が海水浴にクり出す。〔　　〕
□ (4) 天皇のゴショに参る。〔　　〕
□ (5) 赤《あか》ん坊《ぼう》の弟に焼きモチを焼く。〔　　〕
□ (6) 先生にイケイの念をもつ。〔　　〕
□ (7) 平安時代のイセキを発掘《はっくつ》する。〔　　〕
□ (8) コダイ広告にひっかかってしまった。〔　　〕
□ (9) オモムキのある純和風建築。〔　　〕
□ (10) 空港のカンセイトウからの指令。〔　　〕
□ (11) 医師がカンジャを力づける。〔　　〕
□ (12) 友達からアイショウで呼ばれる。〔　　〕
□ (13) エベレスト登山のエンセイタイ。〔　　〕
□ (14) 生徒会のお知らせをケイジする。〔　　〕
□ (15) 湖にすむタンスイギョ。〔　　〕
□ (16) もはやキセイ事実化している。〔　　〕
□ (17) 表情のインエイを写し取った写真。〔　　〕
□ (18) キリスト教をシンコウしている。〔　　〕
□ (19) ゴミを分別してハイキする。〔　　〕
□ (20) 週刊誌に大臣のシュウブンが載《の》る。〔　　〕
□ (21) 鏡の前でケショウしている。〔　　〕
□ (22) 評論家がみなスイセンする作品。〔　　〕
□ (23) 未来を描いた、キョコウの物語。〔　　〕
□ (24) 新種のバラのサイバイに成功した。〔　　〕
□ (25) 財産を国にジョウトした。〔　　〕

ヒント
(8) 実際よりもよく見せようと、大げさなこと。
(9) 一文字で答える。
(20) 恥《は》ずべき事実を書いた記事。
(25) ゆずりわたすこと。

中学新出漢字
□訂 □戒 □繰 □御 □餅 □畏 □跡 □誇
□趣 □塔 □患 □称 □征 □掲 □淡 □既
□陰 □仰 □棄 □醜 □粧 □薦 □虚 □栽
□培 □譲

▼答え 別冊 p.14

1

〈漢字の読み〉
――線部の漢字の読みを答えなさい。

□ (1) エビの天ぷらを揚げる。

□ (2) 生活のリズムが狂う。

□ (3) 新聞紙をひもで縛る。

□ (4) 溝を掘《ほ》って池の水を引く。

□ (5) 気球が上空を旋回している。

□ (6) 罪に問われ、独房に入る。

□ (7) 政治献金が問題になる。

□ (8) この錠前が破られることはない。

□ (9) レーダーで敵機を捕捉した。

□ (10) 壁《かべ》にペンキを塗る。

□ (11) 半日ぶりの食事を貪るように食べた。

□ (12) 見知らぬ犬が足元を嗅いでいる。

□ (13) 乾燥した気候にも強い植物。

□ (14) 睡眠は十分にとれていますか。

□ (15) 気さくな友人に嫉妬を感じる。

□ (16) 見事に韻を踏《ふ》んでいる詩。

□ (17) 無益な争いは避けたい。

□ (18) 地獄で仏。

□ (19) 駅までそうとう距離がある。

□ (20) 人工衛星は無事軌道に乗った。

□ (21) 将来に禍根を残しかねない政策。

□ (22) ふるさとに郷愁を抱《いだ》く。

□ (23) 国民から租税を取りたてる。

□ (24) 猛烈に働いて、お金をためた。

□ (25) 姓名を名乗る。

ヒント

(18)「地獄で仏」は、困難から救ってくれる人が現れることをいうことわざ。

(21) わざわいの起こるもと。

2 〈漢字の書き〉

――線部のカタカナを漢字に直しなさい。

□ (1) 国旗をケイヨウする。〔　　〕
□ (2) アイドルのネッキョウ的なファン。〔　　〕
□ (3) 親のソクバクから自由になりたい。〔　　〕
□ (4) 雨水でハイスイコウがあふれそうだ。〔　　〕
□ (5) 世にセンプウを巻き起こす。〔　　〕
□ (6) ブドウをフサごと皿に盛る。〔　　〕
□ (7) 給食のコンダテを考える。〔　　〕
□ (8) 風邪《かぜ》薬のジョウザイを飲む。〔　　〕
□ (9) 文章を読み、筆者の真意をトラえる。〔　　〕
□ (10) 車を派手な色にトソウする。〔　　〕
□ (11) 学生の間はドンヨクに学びなさい。〔　　〕
□ (12) 犬の優《すぐ》れたキュウカク。〔　　〕
□ (13) 洗濯物《せんたくもの》がすっかりカンソウした。〔　　〕
□ (14) 寝苦《ねぐる》しくてジュクスイできなかった。〔　　〕
□ (15) 能力の違《ちが》いにシットを覚える。〔　　〕
□ (16) 優れた演奏のヨインにひたる。〔　　〕
□ (17) 全校でヒナン訓練を行った。〔　　〕
□ (18) ダツゴクは看守に阻止《そし》された。〔　　〕
□ (19) 歩いていけるキョリです。〔　　〕
□ (20) アルバムで成長のキセキをたどる。〔　　〕
□ (21) 停戦後もセンカが残る国境の町。〔　　〕
□ (22) このたびはごシュウショウ様です。〔　　〕
□ (23) 旅順《りょじゅん》はロシアのソシャク地であった。〔　　〕
□ (24) インフルエンザがモウイをふるう。〔　　〕
□ (25) 母のキュウセイは田中だ。〔　　〕

ヒント

(5) 世の中に大きな流行や反響《はんきょう》が生じる突発的な出来事。
(9) 同訓異字に注意。
(12) 臭《にお》いを感じ取る能力。
(21) せん争によるわざわい、被害《ひがい》。
(23) 他国の領土をかりて統治すること。

中学新出漢字

□揚 □狂 □縛 □溝 □旋 □房 □献 □錠
□捉 □塗 □貪 □嗅 □乾 □燥 □睡 □嫉
□妬 □韻 □避 □獄 □距 □軌 □禍 □愁
□租 □猛 □姓

必修問題　中級の漢字⑤

▼答え　別冊 p.14

1

〈漢字の読み〉
――線部の漢字の読みを答えなさい。

□ (1) 計画の概要を説明する。〔　　〕
□ (2) ライオンがシマウマを襲う。〔　　〕
□ (3) 野原で薬草を摘む。〔　　〕
□ (4) 時間に余裕がない。〔　　〕
□ (5) 楽譜のとおりに弾《ひ》く。〔　　〕
□ (6) 内臓は粘膜に覆《おお》われている。〔　　〕
□ (7) この十年で町はすっかり変貌した。〔　　〕
□ (8) 紛争《ふんそう》で多くの犠牲者が出た。〔　　〕
□ (9) 猟が解禁された。〔　　〕
□ (10) A大学に籍を置いている。〔　　〕
□ (11) 卑屈な態度。〔　　〕
□ (12) 温厚《おんこう》で篤実な人柄《ひとがら》。〔　　〕
□ (13) 不真面目な態度に憤慨する。〔　　〕
□ (14) 日本の住居の変遷が一目でわかる。〔　　〕
□ (15) お膳立ては整った。〔　　〕
□ (16) 果汁一〇〇パーセントのジュース。〔　　〕
□ (17) 家族で食卓を囲む。〔　　〕
□ (18) 犬が尾を振《ふ》る。〔　　〕
□ (19) 幸運をお祈りします。〔　　〕
□ (20) 露をおいた秋草。〔　　〕
□ (21) 災害に備えて食糧《しょくりょう》を備蓄する。〔　　〕
□ (22) 先生の前で萎縮してしまった。〔　　〕
□ (23) 休憩時間はもう終わりだ。〔　　〕
□ (24) 迎《むか》えに来るよう連絡があった。〔　　〕
□ (25) タオルを固く絞る。〔　　〕

ヒント

(12) 誠実なこと。
(13) 腹をたてること。
(15) 「お膳立て」は、きちんと準備すること。
(22) 意気地《いくじ》がなくなり、縮こまること。

2 〈漢字の書き〉

――線部のカタカナを漢字に直しなさい。

□ (1) 芸術のガイネンを超える作品。
□ (2) 敵にシュウゲキされた。
□ (3) 誤りをシテキされた。
□ (4) 親の遺産でユウフクに暮らす。
□ (5) ある小説家のネンプを調べる。
□ (6) ケツマクエンにかかってしまった。
□ (7) 新作のゼンボウが明らかになる。
□ (8) 趣味《しゅみ》をギセイにして勉強する。
□ (9) ミツリョウシャが捕《つか》まった。
□ (10) 日本コクセキを取得する。
□ (11) ヒキンな例を挙げて話す。
□ (12) ジュウトクな病気にかかる。
□ (13) 多くの人がフンガイしている。
□ (14) 子会社の課長にサセンされた。
□ (15) 給食のハイゼンをする係。
□ (16) 木の幹から虫が好むシルが出る。
□ (17) タクエツした能力を誇《ほこ》る。
□ (18) 警官が容疑者をビコウする。
□ (19) 合格キガンのお守り。
□ (20) 好《す》き嫌《きら》いをロコツに表す。
□ (21) こつこつとチョチクに励《はげ》む。
□ (22) はりきっていた気持ちがナえる。
□ (23) 図書館が私のイコいの場です。
□ (24) ミャクラクのない話し方。
□ (25) タオルのような物でコウサツされた。

ヒント

(5) ある人の経歴をねん代順に記したもの。
(7) すべての様子。
(11) 身ぢかでわかりやすいこと。
(12) 病が非常におもいこと。
(14) 低い地位に異動させられること。

中学新出漢字

□概 □襲 □摘 □裕 □譜 □膜 □貌 □犠
□牲 □猟 □籍 □卑 □篤 □憤 □慨 □遷
□膳 □汁 □卓 □尾 □祈 □露 □蓄 □萎
□憩 □絡 □絞

必修問題　中級の漢字⑥

▼答え　別冊 p.15

1　〈漢字の読み〉

——線部の漢字の読みを答えなさい。

□ (1) おとなしいが、芯は強い。　〔　　〕
□ (2) 今年は優勝を狙えるチームになった。　〔　　〕
□ (3) 誕生日のプレゼントを贈る。　〔　　〕
□ (4) 父は毎日忙しそうだ。　〔　　〕
□ (5) 大根を煮て食べた。　〔　　〕
□ (6) 枕が変わると安眠《あんみん》できない。　〔　　〕
□ (7) この公園はもとは大名の御殿だった。　〔　　〕
□ (8) 騒音《そうおん》が勉強の妨げになる。　〔　　〕
□ (9) 宴会がにぎやかに始まった。　〔　　〕
□ (10) お菓子に目がない。　〔　　〕
□ (11) 森の奥《おく》に人知れず沼がある。　〔　　〕
□ (12) 吹奏楽部《すいそうがくぶ》に勧誘する。　〔　　〕
□ (13) 問いつめられて、返事に窮する。　〔　　〕
□ (14) 部屋の隅で小さくなっている。　〔　　〕
□ (15) 厳しい練習に耐えた。　〔　　〕
□ (16) 暦の上ではもう春だ。　〔　　〕
□ (17) 意見がようやく一致した。　〔　　〕
□ (18) 話の内容が曖昧だ。　〔　　〕
□ (19) 図書館で資料を閲覧する。　〔　　〕
□ (20) 焼き魚を焦がしてしまった。　〔　　〕
□ (21) うっかり秘密を漏らしてしまった。　〔　　〕
□ (22) 内臓に疾患が見つかる。　〔　　〕
□ (23) 東の空に虹が架《か》かる。　〔　　〕
□ (24) 後悔先に立たず。　〔　　〕
□ (25) 計算を一桁間違《まちが》えた。　〔　　〕

ヒント

(4)・(8)　三文字で答える。
(13)　音読みで答える。
(24)　「後悔先に立たず」は、終わった後でくやんでも取り返しはきかないということわざ。

2 〈漢字の書き〉

――線部のカタカナを漢字に直しなさい。

□ (1) シャーペンのシンをくれないか。〔　〕
□ (2) 敵兵を物陰《ものかげ》からソゲキする。〔　〕
□ (3) 古文書を博物館にキゾウする。〔　〕
□ (4) 何かとタボウな日を送る。〔　〕
□ (5) お正月にゾウニを食べた。〔　〕
□ (6) ウデマクラでうたた寝《ね》をする。〔　〕
□ (7) 時代劇のトノサマ役。〔　〕
□ (8) やじで演説をボウガイする。〔　〕
□ (9) 王位継承《けいしょう》のシュクエンを催《もよお》す。〔　〕
□ (10) ケーキなどよりワガシが好きです。〔　〕
□ (11) ドロヌマにはまったような状況《じょうきょう》。〔　〕
□ (12) もっと運動することをススめるよ。〔　〕
□ (13) 敵に囲まれ、キュウチに陥《おちい》った。〔　〕
□ (14) 会場のイチグウに募金箱《ぼきんばこ》を置く。〔　〕
□ (15) ニンタイ強く取り組む。〔　〕
□ (16) セイレキ一八六八年(明治元年)。〔　〕
□ (17) 西洋建築のキョクチといわれる建物。〔　〕
□ (18) 賛成か反対か、態度がアイマイだ。〔　〕
□ (19) 学生の論文をエツドクする。〔　〕
□ (20) 増税が議会のショウテンになる。〔　〕
□ (21) 万事《ばんじ》イロウなく準備を整えた。〔　〕
□ (22) 競走馬が場内をシッソウする。〔　〕
□ (23) 雨上がりのニジが美しい。〔　〕
□ (24) 失敗をクいても仕方がない。〔　〕
□ (25) 横綱《よこづな》はケタハズれに強い。〔　〕

ヒント

(2) ねらいうちすること。
(3) 「キソウ」ともいう。
(13) 逃《のが》れられない、困難な立場。
(21) もれ落ちたり、やり残したりすること。
(25) 水準から大きくはずれていること。

中学新出漢字

□芯 □狙 □贈 □忙 □煮 □枕 □殿 □妨
□宴 □菓 □沼 □勧 □窮 □隅 □耐 □暦
□致 □曖 □昧 □閲 □焦 □漏 □疾 □虹
□悔 □桁

必修問題 中級の漢字⑦

▼答え 別冊 p.15

1 〈漢字の読み〉

――線部の漢字の読みを答えなさい。

□ (1) 年に一億円稼ぐ。〔　〕
□ (2) 水道が凍ってしまった。〔　〕
□ (3) 雨が降るのに傘がない。〔　〕
□ (4) 網いっぱいに魚がとれた。〔　〕
□ (5) 慎み深い態度。〔　〕
□ (6) 包丁の刃を研《と》ぐ。〔　〕
□ (7) 料亭で密談をする。〔　〕
□ (8) 非凡な才能を見せつける。〔　〕
□ (9) 掃除《そうじ》を怠けている。〔　〕
□ (10) 裸一貫《いっかん》から会社を興《おこ》した。〔　〕
□ (11) 十一月を「霜月」ともいう。〔　〕
□ (12) 寛大な処置をお願いします。〔　〕
□ (13) 全国の温泉を巡る。〔　〕
□ (14) 法律の解釈の仕方が違《ちが》う。〔　〕
□ (15) 政治倫理に反する。〔　〕
□ (16) 唐草模様のふろしき。〔　〕
□ (17) 華美な服装は禁じられている。〔　〕
□ (18) 戦争で奪《うば》った領土を返還する。〔　〕
□ (19) 世界記録を更新した。〔　〕
□ (20) バスとトラックが衝突した。〔　〕
□ (21) なんだか嫌《いや》な臭いがする。〔　〕
□ (22) 極秘《ごくひ》の任務を遂行する。〔　〕
□ (23) 溺れている人を救助する。〔　〕
□ (24) 市のスポーツ施設を利用する。〔　〕
□ (25) 両脇を抱《かか》えて連行する。〔　〕

ヒント

(5) 三文字で答える。
(10) 「裸一貫」は、財産をまったくもっていないこと。
(25) 「脇」の部首はにくづき。

2 〈漢字の書き〉

――線部のカタカナを漢字に直しなさい。

□ (1) 質問を連発して時間をカセぐ。〔　　〕
□ (2) 電子レンジで食品をカイトウする。〔　　〕
□ (3) 相合いガサが書いてある。〔　　〕
□ (4) 全国にテツドウモウが発達している。〔　　〕
□ (5) よく考えてシンチョウに取り組む。〔　　〕
□ (6) 危険なハモノは持ち込《こ》み禁止です。〔　　〕
□ (7) ごテイシュはいらっしゃいますか。〔　　〕
□ (8) ボンジンには理解できない。〔　　〕
□ (9) タイマンな働きぶりにあきれる。〔　　〕
□ (10) たくましいラタイのギリシャ彫刻《ちょうこく》。〔　　〕
□ (11) 昨日ハツシモがおりた。〔　　〕
□ (12) 異文化にカンヨウな社会。〔　　〕
□ (13) 絵画展が全国をジュンカイする。〔　　〕
□ (14) シャクメイの機会を与《あた》える。〔　　〕
□ (15) リンリや道徳が失われたと嘆《なげ》く。〔　　〕
□ (16) トウトツに歌い出すので驚《おどろ》いた。〔　　〕
□ (17) 大航海時代にエイガを誇《ほこ》った港町。〔　　〕
□ (18) 利益を社会にカンゲンする。〔　　〕
□ (19) イマサラ言っても遅《おそ》い。〔　　〕
□ (20) 日本の社会にショウゲキが走った。〔　　〕
□ (21) トイレにショウシュウザイを置く。〔　　〕
□ (22) 殺人ミスイで捕《つか》まる。〔　　〕
□ (23) ペットをデキアイしている。〔　　〕
□ (24) アンケートがジッシされた。〔　　〕
□ (25) ワキで見ていてはらはらしたよ。〔　　〕

ヒント

(2) 同音異義語に注意。
(12) 心が広く、相手をよく受け入れること。
(16) いきなり始める様子。
(18) もどすこと。
(23) むやみやたらにかわいがること。

中学新出漢字

□稼 □怠 □華 □脇
□凍 □裸 □還
□傘 □霜 □更
□網 □寛 □衝
□慎 □巡 □臭
□刃 □釈 □遂
□亭 □倫 □溺
□凡 □唐 □施

必修問題 中級の漢字⑧

▼答え 別冊p.15

1 〈漢字の読み〉

――線部の漢字の読みを答えなさい。

□ (1) 新生活への期待が膨らむ。〔　　〕

□ (2) 宵の口から雨が降り出した。〔　　〕

□ (3) 蛇足ながら一言付け加えます。〔　　〕

□ (4) 医者に診てもらった方がいいよ。〔　　〕

□ (5) 家計を維持するのもたいへんだ。〔　　〕

□ (6) マンモスの牙が発掘《はっくつ》された。〔　　〕

□ (7) 偶然が重なった。〔　　〕

□ (8) 不法行為に及《およ》ぶ。〔　　〕

□ (9) 需要を見越《みこ》して増産する。〔　　〕

□ (10) 自然保護に力を尽くした人物。〔　　〕

□ (11) 生徒は廊下に並んでください。〔　　〕

□ (12) 漫画ばかり読んでいる。〔　　〕

□ (13) 野菜を腐らせてしまった。〔　　〕

□ (14) 家畜を放し飼いにしている。〔　　〕

□ (15) 合併で業界最大手の会社になる。〔　　〕

□ (16) テレビを見るのももう飽きた。〔　　〕

□ (17) 扇で風を送る。〔　　〕

□ (18) 解答欄に答えを書き込《こ》む。〔　　〕

□ (19) 漆塗《ぬ》りの食器。〔　　〕

□ (20) 紫色の傘《かさ》を差している。〔　　〕

□ (21) しっかり基礎を固めよう。〔　　〕

□ (22) 社会の秩序が保たれている。〔　　〕

□ (23) 近くで雷鳴がとどろいた。〔　　〕

□ (24) 焦《こ》げついた鍋《なべ》を懸命《けんめい》に磨く。〔　　〕

□ (25) 受付は随時行っております。〔　　〕

ヒント

(2)(6)(17)(19) 訓読みで答える。
(3) よけいなことという意味の故事成語。
(25) いつでも、好きなときにということ。

2 〈漢字の書き〉――線部のカタカナを漢字に直しなさい。

□ (1) 人口増加で市街地がボウチョウする。［　］
□ (2) ヨイっぱりの朝寝坊《あさねぼう》。［　］
□ (3) 密林にすむダイジャ。［　］
□ (4) 医師のシンサツを受ける。［　］
□ (5) 明治イシンで日本は一変した。［　］
□ (6) ゾウゲは輸出入が禁止されている。［　］
□ (7) グウスウは二で割り切れる。［　］
□ (8) 何者かのサクイを感じる事故。［　］
□ (9) パソコンは仕事のヒツジュヒンだ。［　］
□ (10) 会社のためにジンリョクします。［　］
□ (11) 建物の外側にカイロウが巡《めぐ》っている。［　］
□ (12) 目的もなくマンゼンと過ごしている。［　］
□ (13) 政府のフハイぶりを暴《あば》く。［　］
□ (14) 私の家はチクサン農家です。［　］
□ (15) 二種類の薬をヘイヨウしている。［　］
□ (16) ホウショクといわれるほど豊かだ。［　］

□ (17) センプウキで暑さをやり過ごす。［　］
□ (18) ランガイに落書きをしている。［　］
□ (19) シッコクの闇夜《やみよ》。［　］
□ (20) シガイセンを浴びすぎないように。［　］
□ (21) 古い住居のソセキを掘《ほ》り出す。［　］
□ (22) チツジョある行動をとる。［　］
□ (23) カミナリが苦手です。［　］
□ (24) ヤスリで表面をケンマする。［　］
□ (25) 味わい深いズイヒツ作品を残す。［　］

ヒント

(8) 人がたくらんですること。
(9) かならずいるもの。
(10) ちからをつくすこと。
(16) たべるのにあきること、おなかいっぱいになること。
(19) うるしのように真っ黒な様子。

中学新出漢字

□膨　□宵　□蛇　□診　□維　□牙　□偶　□為
□需　□尽　□廊　□漫　□腐　□畜　□併　□飽
□扇　□欄　□漆　□紫　□礎　□秩　□雷　□磨
□随

必修問題　中級の漢字⑨

▼答え　別冊 p.16

1 〈漢字の読み〉

――線部の漢字の読みを答えなさい。

□ (1) 深呼吸して緊張をほぐす。〔　　〕
□ (2) ペンは剣よりも強し。〔　　〕
□ (3) 米粒に字を書いてみせる。〔　　〕
□ (4) 謙遜《けんそん》して駄作だという。〔　　〕
□ (5) ヒーローが悪者を懲らしめる。〔　　〕
□ (6) ローカル線が廃止になる。〔　　〕
□ (7) 言葉尻を捉《とら》えて非難する。〔　　〕
□ (8) 美辞麗句を並べる。〔　　〕
□ (9) 大きな瞳でじっと見る。〔　　〕
□ (10) 白熱の議論を傍観している。〔　　〕
□ (11) 自意識過剰ではないのか。〔　　〕
□ (12) 幼稚園児《ようちえんじ》がお遊戯している。〔　　〕
□ (13) 僅かな差で二位に甘《あま》んじた。〔　　〕
□ (14) 美しい景色に詠嘆の声を上げる。〔　　〕
□ (15) ボールを思い切り蹴る。〔　　〕
□ (16) 被害《ひがい》妄想にとらわれる。〔　　〕
□ (17) 渋みのある味。〔　　〕
□ (18) 頰を膨《ふく》らませて怒《おこ》っている。〔　　〕
□ (19) ハエやカが媒介する病気。〔　　〕
□ (20) すてきなお召し物ですね。〔　　〕
□ (21) 問屋から商品を卸す。〔　　〕
□ (22) 目標を箇条書きにする。〔　　〕
□ (23) 琴の演奏に聞き入る。〔　　〕
□ (24) 親戚が一堂に集まる。〔　　〕
□ (25) 社会奉仕の活動に参加する。〔　　〕

ヒント

(7) 他人の言いそこなった部分。
(9) 三文字で答える。
(20) 「お召し物」は、相手が着ているものを敬っていう言葉。
(21) 問屋から小売店に商品を売り渡《わた》すこと。

2 〈漢字の書き〉

―線部のカタカナを漢字に直しなさい。

□ (1) キンパクした空気が流れる。 [　　]
□ (2) もっとシンケンに取り組め。 [　　]
□ (3) 細かなリュウシでできている。 [　　]
□ (4) 子どもの頃《ころ》よく食べたダガシ。 [　　]
□ (5) 被告をチョウエキに処す。 [　　]
□ (6) 戦争のために国土がコウハイする。 [　　]
□ (7) トカゲがシッポを切って逃《に》げる。 [　　]
□ (8) リュウレイな文章を書く作家。 [　　]
□ (9) 青いヒトミの外国の人。 [　　]
□ (10) 無線の通信をボウジュする。 [　　]
□ (11) ヨジョウ作物の利用法を考える。 [　　]
□ (12) シェイクスピアの書いたギキョク。 [　　]
□ (13) 残部キンショウ。 [　　]
□ (14) 和歌をロウエイする。 [　　]
□ (15) 提案をイッシュウされた。 [　　]
□ (16) 軽挙モウドウは慎《つつし》もう。 [　　]
□ (17) 交通ジュウタイに巻き込《こ》まれる。 [　　]
□ (18) おにぎりをホオバる。 [　　]
□ (19) テレビなどのバイタイを利用する。 [　　]
□ (20) 国会をショウシュウする。 [　　]
□ (21) 野菜のオロシウり市場。 [　　]
□ (22) 必要なカショに印をつける。 [　　]
□ (23) モッキンを演奏する。 [　　]
□ (24) 有名な歌手がシンセキにいる。 [　　]
□ (25) 江戸《えど》南町ブギョウ所。 [　　]

ヒント

(7) 常用漢字表の付表の語。本来の音訓ではないので注意。
(8) よどみなく美しいこと。
(13) ごくわずかなこと。
(15) 簡単に負かすこと、はねつけること。
(19) 情報などを仲立ちするもの。

中学新出漢字

□緊	□剣	□粒	□駄	□懲	□廃	□尻	□麗	
□瞳	□傍	□剰	□戯	□僅	□詠	□蹴	□妄	
□渋	□頻	□媒	□召	□卸	□箇	□琴	□戚	
□奉								

必修問題　中級の漢字⑩

▼答え　別冊p.16

1　〈漢字の読み〉

——線部の漢字の読みを答えなさい。

- □ (1) 植物の茎から繊維をとる。
- □ (2) 来賓の挨拶《あいさつ》が続く。
- □ (3) 毛糸の帽子をかぶる。
- □ (4) 夏のスポーツは熱中症に注意。
- □ (5) 立山《たてやま》連峰を縦走する。
- □ (6) 富士山の麓の町。
- □ (7) 人体に必須の栄養素。
- □ (8) 膨大《ぼうだい》な負債を抱《かか》えて倒産《とうさん》した。
- □ (9) 本を読んで語彙を増やそう。
- □ (10) 洋上で鯨と出くわした。
- □ (11) 議論百出で会議は紛糾した。
- □ (12) 少数者の権利を擁護する。
- □ (13) 嘱託として勤務している。
- □ (14) 台風の発生頻度が高い。
- □ (15) 話の主旨がよくわからない。
- □ (16) 崖の補修工事が行われる。
- □ (17) このたびは慶賀に堪《た》えません。
- □ (18) 敵を欺くにはまず味方から。
- □ (19) 生徒会長に選ばれ、襟を正す。
- □ (20) 使節を送り、恭順の意を示す。
- □ (21) 亜熱帯性の気候。
- □ (22) 強風、波浪注意報。
- □ (23) 知らぬまに人の恨みを買う。
- □ (24) 柄にもなく照れている。
- □ (25) 大豆を煎る。

ヒント

(6)(10)(18) 三文字で答える。
(13) 正式の社員や職員ではなく、特定の仕事をする役目の人。
(14) あることが繰《く》り返し起こる度合い。
(20) つつしんで従う様子。

2 〈漢字の書き〉
——線部のカタカナを漢字に直しなさい。

□ (1) 感覚がセンサイだ。
□ (2) コクヒンとして日本に招く。
□ (3) ボウシをとって頭を下げる。
□ (4) 風邪《かぜ》のショウジョウが見られる。
□ (5) はるかに続くミネミネ。
□ (6) 八ケ岳《やつがたけ》サンロクの別荘《べっそう》。
□ (7) 高校入試にはヒッスの科目。
□ (8) サイケン者が返済を要求する。
□ (9) 英語のゴイリョクが足りない。
□ (10) 反ホゲイ団体。
□ (11) 役所の不正をキュウダンする。
□ (12) 恋人《こいびと》をホウヨウする。
□ (13) 翻訳《ほんやく》の仕事をショクタクする。
□ (14) 近頃《ちかごろ》列車事故がヒンパツする。
□ (15) この文章のヨウシを述べなさい。
□ (16) 切り立ったダンガイ絶壁《ぜっぺき》。
□ (17) 皇太子の誕生をケイシュクする。
□ (18) 保護色で天敵をアザムく虫。
□ (19) 柔道着《じゅうどうぎ》のエリをとる。
□ (20) キョウガ新年。
□ (21) 人気歌手のアリュウに過ぎない。
□ (22) お小遣《こづか》いをロウヒするな。
□ (23) ツウコンのエラーで敗北した。
□ (24) 傘《かさ》のエに名前を書く。
□ (25) 固そうなセンベイをかじっている。

ヒント

(2) くにがもてなす大事な客。
(8) 借金を返してもらうけん利のこと。
(12) だきしめること。
(17) よろこび、おいわいすること。
(21) まね。

中学新出漢字

□繊 □賓 □帽 □症 □峰 □麓 □須 □債
□彙 □鯨 □斜 □擁 □嘱 □託 □頻 □旨
□崖 □慶 □欺 □襟 □恭 □亜 □浪 □恨
□柄 □煎

必修問題　上級の漢字①

▼答え　別冊 p.16

1

〈漢字の読み〉
――線部の漢字の読みを答えなさい。

□ (1) 顔をハンカチで拭う。
□ (2) 全力を尽《つ》くすことを誓います。
□ (3) 補欠に回った友人を慰める。
□ (4) 初戦で敗北を喫する。
□ (5) 目の錯覚を利用した絵画。
□ (6) 自動車の販売台数世界一。
□ (7) だんだんやる気が湧いてきた。
□ (8) 仏壇に線香を供える。
□ (9) 本邦初公開。
□ (10) 害虫のために松が枯れる。
□ (11) 殊勝な態度に感心した。
□ (12) 奇怪な生物が人類を襲《おそ》う映画。
□ (13) 成功する見込《みこ》みは乏しい。
□ (14) 控え室で出番を待つ。
□ (15) 隣国《りんごく》の領土を侵す。
□ (16) 趣味《しゅみ》は陶芸です。
□ (17) 参加できそうな人数を勘定する。
□ (18) 渓流でアユを釣《つ》る。
□ (19) 憎らしい態度だ。
□ (20) 叙情的な調べが胸を打つ。
□ (21) 車が頻繁に通る道。
□ (22) 車内マナーを訴えるポスター。
□ (23) お祭りで民謡を歌う。
□ (24) 細菌によって引き起こされる病気。
□ (25) 柔軟な発想を期待します。

ヒント

(1) 訓読みが複数あるので注意。
(3) 三文字で答える。
(11) けなげなこと、態度を慎《つつし》むこと。
(21) あることが起きる度合いが大きいこと。

2 〈漢字の書き〉

――線部のカタカナを漢字に直しなさい。

□ (1) テーブルを雑巾《ぞうきん》でフく。 〔　　〕
□ (2) セイヤクショを書く。 〔　　〕
□ (3) プロジェクトの担当者をイロウする。 〔　　〕
□ (4) キッサ店で待ち合わせる。 〔　　〕
□ (5) さまざまな感情がコウサクする。 〔　　〕
□ (6) 中国へハンロを拡大する。 〔　　〕
□ (7) 地下水がユウシュツしている。 〔　　〕
□ (8) ダンジョウから聴衆《ちょうしゅう》に語りかける。 〔　　〕
□ (9) 外務省が在留ホウジンを保護する。 〔　　〕
□ (10) 広い範囲《はんい》で樹木のコシが確認《かくにん》された。 〔　　〕
□ (11) トクシュな素材で作ったシューズ。 〔　　〕
□ (12) カイキ現象など信じない。 〔　　〕
□ (13) ビンボウ暇《ひま》なしです。 〔　　〕
□ (14) 激しい運動をヒカえる。 〔　　〕
□ (15) 国境線からシンニュウする。 〔　　〕
□ (16) トウキの生産で知られた町。 〔　　〕
□ (17) 予算の点もカンアンして決める。 〔　　〕
□ (18) 夏でもセッケイが残る白馬岳《しろうまだけ》。 〔　　〕
□ (19) アイゾウ入り交じる複雑な関係。 〔　　〕
□ (20) 地域の歴史をジョジュツした文章。 〔　　〕
□ (21) 雑草がハンモする荒《あ》れた庭。 〔　　〕
□ (22) 強盗《ごうとう》の罪でキソされた。 〔　　〕
□ (23) ドウヨウを愛らしく歌う。 〔　　〕
□ (24) お茶にはサッキン作用もあるらしい。 〔　　〕
□ (25) このあたりは地盤《じばん》がナンジャクだ。 〔　　〕

ヒント

(5) 入りまじること。
(9) 「在留ホウジン」は、外国に住んでいる日本人のこと。
(10) かれること。
(17) 考え合わせること、考慮《こうりょ》すること。
(18) ゆきが残っている所。

中学新出漢字

□拭 □誓 □慰 □喫 □錯 □販 □湧 □壇
□邦 □枯 □殊 □奇 □怪 □乏 □控 □侵
□陶 □勘 □渓 □憎 □叙 □繁 □訴 □謡
□菌 □軟

必修問題 上級の漢字②

▼答え 別冊p.17

1 〈漢字の読み〉

――線部の漢字の読みを答えなさい。

□ (1) もう少し席を詰めてください。〔　　〕
□ (2) 海流が渦を巻いている。〔　　〕
□ (3) 野菜も食べないと栄養が偏る。〔　　〕
□ (4) 川の水の浄化に努める。〔　　〕
□ (5) 家族に先立たれ、孤独に暮らす。〔　　〕
□ (6) きわめて妥当な判断だ。〔　　〕
□ (7) 激しい闘いが繰《く》り広げられた。〔　　〕
□ (8) 鳥のような翼が欲《ほ》しい。〔　　〕
□ (9) 働く意欲を喪失する。〔　　〕
□ (10) ビタミンを豊富に含む果物。〔　　〕
□ (11) 難病を克服した選手。〔　　〕
□ (12) 麻を素材にした服。〔　　〕
□ (13) 組織の枠組みを超《こ》えて協力する。〔　　〕
□ (14) 事件が起こった経緯を調べる。〔　　〕
□ (15) 不平等な制度を是正する。〔　　〕
□ (16) 脚力には自信がある。〔　　〕
□ (17) この作者は人物の描写《びょうしゃ》が巧みだ。〔　　〕
□ (18) クラゲが海を漂う。〔　　〕
□ (19) 目の前で扉が閉まった。〔　　〕
□ (20) 駐車場に車を止める。〔　　〕
□ (21) 岩を砕いてトンネルを掘《ほ》り進む。〔　　〕
□ (22) 動きが俊敏だ。〔　　〕
□ (23) 犯罪者に刑罰を下す。〔　　〕
□ (24) 夕食の材料を吟味する。〔　　〕
□ (25) 緑地の砂漠化が問題となっている。〔　　〕

ヒント

(2) 訓読みで答える。
(18) 三文字で答える。
(24) 念入りに調べること。

2 〈漢字の書き〉

――線部のカタカナを漢字に直しなさい。

□ (1) 箱の中にお菓子《かし》がツまっている。〔　〕
□ (2) ウズマき模様の装飾《そうしょく》。〔　〕
□ (3) 外国人に対するヘンケンを除く。〔　〕
□ (4) 水で車両をセンジョウする。〔　〕
□ (5) 崖崩《がけくず》れで村はコリツ状態だ。〔　〕
□ (6) 意見を修正し、ダキョウする。〔　〕
□ (7) 両軍のセントウは激しさを増す。〔　〕
□ (8) 内閣のイチヨクを担《にな》う大臣。〔　〕
□ (9) 亡《な》くなった祖父のモに服す。〔　〕
□ (10) 金のガンユウ量が多い。〔　〕
□ (11) 動物の生態をコクメイに記録する。〔　〕
□ (12) マヤクを所持した男が捕《つか》まった。〔　〕
□ (13) 予算のワクナイでまかなう。〔　〕
□ (14) 札幌《さっぽろ》はホクイ四〇度付近に位置する。〔　〕
□ (15) 選挙で政策のゼヒを問う。〔　〕
□ (16) 小説をキャクショクしたドラマ。〔　〕
□ (17) コウミョウな手口の泥棒《どろぼう》。〔　〕
□ (18) 壊《こわ》れた船が海上をヒョウリュウする。〔　〕
□ (19) ジドウトビラが故障した。〔　〕
□ (20) 父はロンドンにチュウザイしている。〔　〕
□ (21) ガラス瓶《びん》を細かくフンサイする。〔　〕
□ (22) シュンソクのランナー。〔　〕
□ (23) ケイジが容疑者を尋問《じんもん》する。〔　〕
□ (24) 作文の題はよくギンミしてつけよう。〔　〕
□ (25) 内容はまだバクゼンとしている。〔　〕

ヒント

(8) 持ち場、役割のこと。
(10) ふくみ持つこと。
(15) ぜかひか、良いか悪いか。
(20) ある場所に長い間とどまって、仕事などをすること。
(22) あしが速いこと。

中学新出漢字

□詰 □渦 □偏 □浄 □孤 □妥 □闘 □翼
□喪 □含 □克 □麻 □枠 □緯 □是 □脚
□巧 □漂 □扉 □駐 □砕 □俊 □刑 □吟
□漠

必修問題　上級の漢字③

▼答え　別冊p.17

1 〈漢字の読み〉

――線部の漢字の読みを答えなさい。

□ (1) わが校では読書を奨励しています。
□ (2) 死者を弔うための歌。
□ (3) 濃厚な味のチーズ。
□ (4) 喉《のど》が渇いて仕方がない。
□ (5) 大臣が官邸に到着《とうちゃく》した。
□ (6) カブトムシの雄を捕《つか》まえた。
□ (7) 冷害に対する措置を講じる。
□ (8) 大胆な行動をとる。
□ (9) 手続きが煩雑で評判が悪い。
□ (10) 哀悼の意をささげる。
□ (11) カキの養殖場。
□ (12) 恒久の平和を希求する。
□ (13) 新入生に入部を促す。
□ (14) 鶏《にわとり》の雌が卵を産む。
□ (15) 洞窟で埋蔵金《まいぞうきん》が見つかった。
□ (16) 勉強の邪魔をするな。
□ (17) 勇敢にも海に飛び込《こ》んだ。
□ (18) 杉《すぎ》の木を伐採する。
□ (19) 日本の映画史上に残る傑作。
□ (20) 目の前の料理に唾を飲み込む。
□ (21) 床《ゆか》の上まで浸水した。
□ (22) 異国の珍《めずら》しい風俗。
□ (23) 天候の悪化で登頂を諦めた。
□ (24) 病棟を尋《たず》ね、お見舞《みま》いに行く。
□ (25) 激しい言葉の応酬が続いた。

ヒント

(1) はげむようにすすめること。
(2) (13) (23) 三文字で答える。
(10) 故人をいたむ気持ち。
(25) やりとりすること、むくいること。

2 〈漢字の書き〉
——線部のカタカナを漢字に直しなさい。

□ (1) 大学教授がスイショウする本。
□ (2) 告別式でチョウジを読む。
□ (3) コい霧《きり》が立ち込める。
□ (4) 単調な毎日に心のカワきを覚える。
□ (5) ダイテイタクで優雅《ゆうが》に暮らす。
□ (6) 演説会でユウベンを振《ふ》るう。
□ (7) 緊急《きんきゅう》のソチが必要だ。
□ (8) 不合格にラクタンの色を隠《かく》せない。
□ (9) 先生の手をワズラわす。
□ (10) アイトウの意を表明する。
□ (11) トキの人工ハンショクに成功した。
□ (12) 文化祭コウレイの全校合唱。
□ (13) ソクセイ栽培《さいばい》でトマトを作る。
□ (14) 長年のライバルとシユウを決する。
□ (15) 探検隊がドウクツの深部を探《さぐ》る。
□ (16) そんな勉強法はジャドウだ。
□ (17) カカンに攻撃《こうげき》を仕掛《しか》けた。
□ (18) 桃太郎《ももたろう》は鬼《おに》をセイバツした。
□ (19) この学校ではケッシュツした人物だ。
□ (20) ダエキを採取して調べる。
□ (21) タオルを水にヒタす。
□ (22) ゾクブツとはつき合わない。
□ (23) 深いテイネンにとらわれる。
□ (24) 書斎《しょさい》はベツムネになっている。
□ (25) 多額のホウシュウを受け取る。

ヒント

(2) 故人の死をいたむ言葉。
(14) 優劣《ゆうれつ》、強い弱い。
(16) 誤ったやり方。正式でないやり方。
(19) 抜《ぬ》きんでて優《すぐ》れていること。

中学新出漢字

□奨 □弔 □濃 □渇 □邸 □雄 □措 □胆
□煩 □哀 □悼 □殖 □恒 □促 □雌 □洞
□窟 □邪 □敢 □伐 □傑 □唾 □浸 □俗
□諦 □棟 □酬

必修問題 上級の漢字④

▼答え 別冊 p.17

1 〈漢字の読み〉

——線部の漢字の読みを答えなさい。

□ (1) 事件が表沙汰になる。

□ (2) 海上で嵐に襲《おそ》われる。

□ (3) 東西の文化が融合する。

□ (4) 海藻類は体によいそうだ。

□ (5) テレビの娯楽番組を楽しむ。

□ (6) 悲惨なできごとの報道が絶えない。

□ (7) 損害賠償を請求《せいきゅう》する。

□ (8) 子どもの頃《ころ》の記憶が鮮明《せんめい》だ。

□ (9) 指名手配された犯罪者が逮捕された。

□ (10) 天災による飢餓が心配される。

□ (11) 懐疑の念にとらわれる。

□ (12) 相手の申し出を承諾する。

□ (13) 日本一の店舗数を誇《ほこ》る店。

□ (14) 父は時代小説を濫読している。

□ (15) 完璧な演技で観客を魅了《みりょう》する。

□ (16) 警察に身柄《みがら》を拘束された。

□ (17) 成績の向上が顕著だ。

□ (18) 経済産業省の外郭団体に勤める。

□ (19) 安い素材で作った廉価な商品。

□ (20) 砂漠《さばく》で敵の戦車と遭遇した。

□ (21) 通行人の注意を喚起する。

□ (22) 車のタイヤの痕が残っている。

□ (23) 先生から通信簿を受け取る。

□ (24) 人から嘲られてもじっと耐《た》える。

□ (25) 医学の分野に多大な貢献を果たした。

ヒント

(14) あれこれ、やたらに読むこと。
(16) 自由を奪《うば》うこと。
(19) 「安価」の同義語。
(24) 三文字で答える。

2 〈漢字の書き〉

――線部のカタカナを漢字に直しなさい。

□ (1) 卒業以来なんのオトサタもない。 〔　　〕
□ (2) アラシの前の静けさ。 〔　　〕
□ (3) ユウズウのきかない人だ。 〔　　〕
□ (4) 池にモが繁殖《はんしょく》している。 〔　　〕
□ (5) 村には若者向きのゴラクが少ない。 〔　　〕
□ (6) 戦地のサンジョウを報じる。 〔　　〕
□ (7) 損害をバイショウする責任が生じる。 〔　　〕
□ (8) 幼少の頃をツイオクする。 〔　　〕
□ (9) 現行犯でタイホする。 〔　　〕
□ (10) 不作が続き、キガに苦しむ。 〔　　〕
□ (11) カイコ趣味《しゅみ》に浸《ひた》る。 〔　　〕
□ (12) 一九四五年、ポツダム宣言ジュダク。 〔　　〕
□ (13) アスファルトで道路をホソウする。 〔　　〕
□ (14) カタカナ語をランヨウする。 〔　　〕
□ (15) 事前の準備はカンペキだ。 〔　　〕
□ (16) つまらないことにコウデイするな。 〔　　〕
□ (17) 細胞をケンビキョウで観察する。 〔　　〕
□ (18) 顔のリンカクが母にそっくりだ。 〔　　〕
□ (19) セイレン潔白な人柄《ひとがら》。 〔　　〕
□ (20) この前はさんざんな目にアった。 〔　　〕
□ (21) 裁判に証人としてカンモンする。 〔　　〕
□ (22) かつては海底だったコンセキが残る。 〔　　〕
□ (23) 三十年間カケイボをつけています。 〔　　〕
□ (24) どうせだめなのさとジチョウする。 〔　　〕
□ (25) 町の発展にコウケンする。 〔　　〕

ヒント

(1) 通信、連絡《れんらく》のこと。
(8) 思い出してしのぶこと。
(12) うけ入れて、従うこと。
(16) こだわること。
(24) 自分で自分をあざけること。

中学新出漢字

□沙　□汰　□嵐　□融　□藻　□娯　□惨　□賠
□憶　□逮　□飢　□餓　□懐　□諾　□舗　□濫
□壁　□拘　□顕　□郭　□廉　□遭　□喚　□痕
□簿　□嘲　□貢

必修問題　上級の漢字⑤

▼答え　別冊 p.18

1 〈漢字の読み〉——線部の漢字の読みを答えなさい。

□ (1) 奴隷制度を廃止《はいし》する。〔　　〕
□ (2) スポーツ万能《ばんのう》で羨ましいよ。〔　　〕
□ (3) 法皇は慈悲深く、寛大《かんだい》なお方です。〔　　〕
□ (4) 年俸が一億円の選手。〔　　〕
□ (5) 沸騰したお湯に気をつけなさい。〔　　〕
□ (6) 向かいのビルが視界を遮る。〔　　〕
□ (7) 普遍的な真理。〔　　〕
□ (8) 社長の地位は安泰だ。〔　　〕
□ (9) 丘陵地帯を宅地に造成する。〔　　〕
□ (10) 名人の手による、まさに逸品。〔　　〕
□ (11) 愚かなことをしてしまった。〔　　〕
□ (12) うそ偽りは申しません。〔　　〕
□ (13) 夏の間は別荘で過ごす。〔　　〕
□ (14) 海賊《かいぞく》は大砲を撃《う》ってきた。〔　　〕
□ (15) 火山の噴火を予知する。〔　　〕
□ (16) 腰《こし》まで水に漬かってしまった。〔　　〕
□ (17) 風もなく、爽やかな天気だ。〔　　〕
□ (18) 相手の意見を肯定する。〔　　〕
□ (19) 凶悪な犯罪から市民を守る。〔　　〕
□ (20) 条件に該当する人を選ぶ。〔　　〕
□ (21) 一貫して反対の姿勢を崩《くず》さない。〔　　〕
□ (22) 山間部では霧の発生が予想される。〔　　〕
□ (23) 塀を乗り越《こ》えて侵入《しんにゅう》する。〔　　〕
□ (24) 読みかけの本にしおりを挟む。〔　　〕
□ (25) 一年中人気が衰えることはない。〔　　〕

ヒント

(2)(6)(12)(25) 三文字で答える。
(3) 情け。あわれみ。

2 〈漢字の書き〉

――線部のカタカナを漢字に直しなさい。

(1) リンカーンはドレイ解放を宣言した。
(2) 人もウラヤむ仲のよい夫婦《ふうふ》。
(3) 貧しい人を助けるジゼン活動。
(4) 昇進《しょうしん》してホウキュウが上がった。
(5) 映画のヒットで人気がフットウする。
(6) 崖崩《がけくず》れで交通がシャダンされる。
(7) 修行《しゅぎょう》のため諸国をヘンレキする。
(8) タイゼン自若《じじゃく》としている。
(9) 天皇のゴリョウを保全する。
(10) 歴史上の人物のイツワを集めた本。
(11) 不器用でグチョクな性格だ。
(12) キョギの報告を行った。
(13) 交響曲《こうきょうきょく》のソウチョウな調べ。
(14) 敵に激しいホウゲキを加える。
(15) 公園のフンスイの前に集合する。
(16) 日本のツケモノが恋《こい》しい。
(17) スポーツの後は気分ソウカイだ。
(18) 提案にコウテイ的な意見が相次いだ。
(19) 犯行に使われたキョウキ。
(20) ガイトウする選択肢《せんたくし》にまるを付ける。
(21) 自分の意志をツラヌく。
(22) 沿岸部にノウム注意報が出る。
(23) ヘイによじ登る。
(24) 両側をビルにハサまれている。
(25) 国王の失政で国がスイタイする。

ヒント

(4) 働いて得る報酬《ほうしゅう》のこと。
(7) 各地を巡《めぐ》り歩くこと。
(8) 落ち着いている様子。
(13) おもおもしい様子。

中学新出漢字

奴 隷 羨 慈 俸 沸 騰 遮
遍 泰 陵 逸 愚 偽 荘 砲
噴 漬 爽 肯 凶 該 貫 霧
塀 挟 衰

必修問題 上級の漢字⑥

▼答え 別冊p.18

1 〈漢字の読み〉

——線部の漢字の読みを答えなさい。

□ (1) 卒業式を執り行う。〔　〕
□ (2) 宮中の伝統的な儀式。〔　〕
□ (3) 苛酷な運命に見舞《みま》われる。〔　〕
□ (4) 今日は祖母の三回忌です。〔　〕
□ (5) 伯父から入学祝いをもらった。〔　〕
□ (6) 目撃者《もくげきしゃ》が法廷で証言をする。〔　〕
□ (7) 高額な料金を払う。〔　〕
□ (8) トイレの芳香剤。〔　〕
□ (9) 魚介類《ぎょかいるい》のうまみを凝縮したスープ。〔　〕
□ (10) 打球は弧を描《えが》いて飛んでいった。〔　〕
□ (11) 客の購買意欲をあおる。〔　〕
□ (12) 問題の核心を突《つ》いた質問。〔　〕
□ (13) 私の方が年齢が上だ。〔　〕
□ (14) 危険な動物が森に潜んでいる。〔　〕
□ (15) 火事はようやく鎮火した。〔　〕
□ (16) 旅行の資金をためるため倹約する。〔　〕
□ (17) 早起きは三日で挫折した。〔　〕
□ (18) 猟師《りょうし》がキツネを狩る。〔　〕
□ (19) 稲穂が頭を垂れている。〔　〕
□ (20) 津軽《つがる》海峡を船で渡る。〔　〕
□ (21) 人を侮辱するような言動。〔　〕
□ (22) 壁《かべ》の塗装《とそう》が剥がれる。〔　〕
□ (23) 年をとって人柄が穏やかになった。〔　〕
□ (24) 師匠と敬う人物。〔　〕
□ (25) 風薫る五月。〔　〕

ヒント

(5) 常用漢字表の付表の語。本来の音訓ではないので注意。
(10) 弓なりに曲がった線。
(19) 特殊《とくしゅ》な読み。本来の音訓ではないので注意。

2 〈漢字の書き〉

――線部のカタカナを漢字に直しなさい。

- □ (1) 勝負に対するシュウネンで勝《まさ》る。 [　　]
- □ (2) 弟はわんぱくでギョウギが悪い。 [　　]
- □ (3) マラソンはカコクな競技だ。 [　　]
- □ (4) キチュウなので年賀状は欠礼する。 [　　]
- □ (5) 二人の実力はハクチュウしている。 [　　]
- □ (6) 幕府からチョウテイに使者を送る。 [　　]
- □ (7) ボーナスは家賃のシハライに回す。 [　　]
- □ (8) むせるようなバラのホウコウ。 [　　]
- □ (9) 模型作りにコっている。 [　　]
- □ (10) 道はコを描くようにカーブしている。 [　　]
- □ (11) 音楽雑誌を定期コウドクしています。 [　　]
- □ (12) カクカゾク化と共に少子化が進む。 [　　]
- □ (13) ジュレイ千年の大木。 [　　]
- □ (14) プールの端《はし》までセンスイで行けるか。 [　　]
- □ (15) 警察は暴徒をチンアツした。 [　　]
- □ (16) 質素ケンヤクを心がける。 [　　]
- □ (17) ザセツを経験したことがないそうだ。 [　　]
- □ (18) シュリョウで生計を立てていた。 [　　]
- □ (19) 家族総出でイネカりをする。 [　　]
- □ (20) 川の流れが形作ったキョウコク。 [　　]
- □ (21) 君をブジョクするつもりはなかった。 [　　]
- □ (22) 迫力《はくりょく》のある熊のハクセイ。 [　　]
- □ (23) もっとオントウなやり方はないか。 [　　]
- □ (24) 映画界のキョショウと呼ばれる監督《かんとく》。 [　　]
- □ (25) 文明開化当時のカオりが残る町。 [　　]

ヒント

(4) 喪《も》に服している間のこと。
(5) 同じくらいで、優劣《ゆうれつ》がないこと。
(15) 力でしずめること。
(20) 狭《せま》くて深いたに。
(23) おだやかで、無理がないこと。

中学新出漢字

□執 □儀 □苛 □酷 □忌 □伯 □廷 □払
□芳 □凝 □弧 □購 □核 □齢 □潜 □鎮
□倹 □挫 □狩 □稲 □峡 □侮 □辱 □剝
□穏 □匠 □薫

必修問題　上級の漢字⑦

▼答え　別冊 p.18

1 〈漢字の読み〉

——線部の漢字の読みを答えなさい。

□ (1) 友人をモデルに肖像画を描《えが》く。〔　　〕
□ (2) 入江で船が座礁した。〔　　〕
□ (3) 目標の点数にまだ隔たりがある。〔　　〕
□ (4) 妹に贈《おく》る玩具を選ぶ。〔　　〕
□ (5) 物語の騎士に憧《あこが》れる。〔　　〕
□ (6) 紙幣のみ取り扱《あつか》っております。〔　　〕
□ (7) 犯行現場を捜査する。〔　　〕
□ (8) 華《はな》やかなムードに酔う。〔　　〕
□ (9) 新しい先生が赴任した。〔　　〕
□ (10) 中学校の学習内容を網羅した本。〔　　〕
□ (11) 古墳から土器が出土した。〔　　〕
□ (12) 多くの生徒から慕われる先生。〔　　〕
□ (13) タイヤに空気を充填する。〔　　〕
□ (14) 死者の呪いを扱ったホラー映画。〔　　〕
□ (15) 謹んでお祝い申し上げます。〔　　〕
□ (16) 花を花瓶《かびん》に挿す。〔　　〕
□ (17) 将来は酪農家になりたい。〔　　〕
□ (18) 水槽にはいろいろな魚が泳いでいる。〔　　〕
□ (19) 母の服は祖母が縫っていたそうだ。〔　　〕
□ (20) 曽祖父は大地主だった。〔　　〕
□ (21) 親元を離《はな》れ、寮で生活する。〔　　〕
□ (22) 恵《めぐ》みの雨に草木が潤う。〔　　〕
□ (23) 消費量が景気の先行きを示唆する。〔　　〕
□ (24) ワインの醸造所を見学する。〔　　〕
□ (25) 霊感のようなものが働いた。〔　　〕

ヒント

(2) 船が岩などに乗り上げて、動けなくなること。
(10) もれなく集めること。
(13) 満たすこと。
(23) それとなくしめすこと。

2 〈漢字の書き〉

――線部のカタカナを漢字に直しなさい。

□ (1) 国王のショウゾウが飾《かざ》ってある。
□ (2) 計画はアンショウに乗り上げた。
□ (3) 隣《となり》とのカンカクをもっと開けろ。
□ (4) アイガン動物を売る店。
□ (5) 職業は競馬のキシュです。
□ (6) 近代になりカヘイ経済が発達した。
□ (7) 遭難者《そうなんしゃ》を懸命《けんめい》にサガす。
□ (8) 手術前にマスイをかける。
□ (9) 首相が現地にオモムく。
□ (10) 有名人の名前をラレツする。
□ (11) 盗掘《とうくつ》された古代のフンボ。
□ (12) 故郷へのボジョウが募《つの》る。
□ (13) 国庫から損失をホテンする。
□ (14) 魔法《まほう》使いがジュモンを唱える。
□ (15) キンガ新年。
□ (16) 短いソウワで人となりを紹介《しょうかい》する。
□ (17) 実家はラクノウを営んでいます。
□ (18) ヨクソウにお湯をはる。
□ (19) 祖母からサイホウを教わる。
□ (20) ミゾウの大事故が起きた。
□ (21) ガクセイリョウの部屋は狭《せま》い。
□ (22) 材料費が高すぎてリジュンが出ない。
□ (23) 将来についてシサに富む話だった。
□ (24) しょう油をジョウゾウしている蔵。
□ (25) 全身ゼンレイで応援《おうえん》する。

ヒント

(2) 物事が妨《さまた》げられること。
(12) したわしく思う気持ちのこと。
(13) おぎなうこと、足りない分を満たしてやること。
(16) 間に差し挟《はさ》むちょっとしたはなしのこと。
(20) いまだかつてなかったこと。

中学新出漢字

□肖 □礁 □隔 □玩 □騎 □幣 □捜 □酔
□赴 □羅 □墳 □慕 □填 □呪 □謹 □挿
□酪 □槽 □縫 □曽 □寮 □潤 □唆 □醸
□霊

▼答え　別冊 p.19

1 〈漢字の読み〉

――線部の漢字の読みを答えなさい。

□ (1) 親戚《しんせき》の事業を援助する。［　　］
□ (2) 光熱費を一括して支払《しはら》う。［　　］
□ (3) 急ぎの仕事だが、拙速は避《さ》けたい。［　　］
□ (4) 「わんわん」は擬声語である。［　　］
□ (5) 土地の売買の契約を結ぶ。［　　］
□ (6) まるで仙人のような老人。［　　］
□ (7) しめやかに葬儀が行われた。［　　］
□ (8) この温泉には硫黄が含《ふく》まれている。［　　］
□ (9) 精魂込《こ》めて作りました。［　　］
□ (10) 帆船で航海に出る。［　　］
□ (11) この県では唯一の湖。［　　］
□ (12) 大股で歩く。［　　］
□ (13) 鉄の柵で囲まれている。［　　］
□ (14) 列車は定刻に到着した。［　　］
□ (15) けがのため選手登録を抹消された。［　　］
□ (16) 遠距離《えんきょり》に住む学生の便宜を図る。［　　］
□ (17) 荒《あ》れ地《ち》を開拓し、村を作る。［　　］
□ (18) 暖炉のある応接間。［　　］
□ (19) 殿様《とのさま》からほうびを賜る。［　　］
□ (20) 宿題を徹夜で仕上げた。［　　］
□ (21) 凄惨な事故現場。［　　］
□ (22) 堤防が水害を食い止めた。［　　］
□ (23) 勲章を胸に提げている。［　　］
□ (24) トラブルに迅速に対応する。［　　］
□ (25) 太陽が地平線に没する。［　　］

ヒント

(3) 手早いが、仕上がりがよくないこと。
(8) 常用漢字表の付表の語。本来の音訓ではないので注意。
(19) 三文字で答える。

2 〈漢字の書き〉

――線部のカタカナを漢字に直しなさい。

□ (1) 企業《きぎょう》のコウエンを受けて活動する。 〔　　〕
□ (2) みんなの意見をトウカツする。 〔　　〕
□ (3) セッサクが展示されています。 〔　　〕
□ (4) ギジンホウで巧《たく》みに表現する。 〔　　〕
□ (5) 初勝利をケイキに活気が出てきた。 〔　　〕
□ (6) 小野小町《おののこまち》はロッカセンの一人だ。 〔　　〕
□ (7) 外国人墓地にマイソウされている。 〔　　〕
□ (8) リュウサンは劇薬に指定されている。 〔　　〕
□ (9) 何かよくないコンタンがありそうだ。 〔　　〕
□ (10) 船がホを上げ出航する。 〔　　〕
□ (11) ユイイツ無二の親友。 〔　　〕
□ (12) ボールがコカンを抜《ぬ》けてゆく。 〔　　〕
□ (13) サクを乗り越《こ》えて近道をする。 〔　　〕
□ (14) 人工衛星は木星にトウタツした。 〔　　〕
□ (15) イチマツの不安がある。 〔　　〕
□ (16) クラスごとにテキギ解散する。 〔　　〕
□ (17) 大物を釣《つ》り上げ、ギョタクをとる。 〔　　〕
□ (18) 寺の本殿《ほんでん》の前に大きなコウロがある。 〔　　〕
□ (19) 横綱がシハイを手にした。 〔　　〕
□ (20) 注意をテッテイしてください。 〔　　〕
□ (21) 戦場でのセイゼツな体験。 〔　　〕
□ (22) 江戸《えど》時代に築かれたツツミ。 〔　　〕
□ (23) シュクンの勝利をあげる。 〔　　〕
□ (24) 避難《ひなん》の際はジンソクに行動すること。 〔　　〕
□ (25) ダムの底にスイボツした村。 〔　　〕

ヒント

(3) 自分のさく品をつたないものとへりくだる言い方。
(6) 古今集に名を挙げられた、ろく人のうたよみ。
(15) ほんのわずかということ。
(18) こうをたくための器。
(19) 天皇などから勝者に与《あた》えられる優勝はい。

中学新出漢字

□援 □括 □拙 □擬 □契 □仙 □葬 □硫
□魂 □帆 □唯 □股 □柵 □到 □抹 □宜
□拓 □炉 □賜 □徹 □凄 □堤 □勲 □迅
□没

必修問題 上級の漢字⑨

▼答え 別冊 p.19

1 〈漢字の読み〉

――線部の漢字の読みを答えなさい。

□ (1) 寡黙な人と言われる。
□ (2) 地震《じしん》で地面が隆起する。
□ (3) 速度を緻密に計算する。
□ (4) 全国制覇を成し遂《と》げる。
□ (5) 観客の喝采を浴びる。
□ (6) ご飯を炊く。
□ (7) ドラマはいよいよ佳境に入った。
□ (8) 組織の中枢を占《し》める人物。
□ (9) 衷心よりお願いいたします。
□ (10) 航空機や船舶による救助を行う。
□ (11) 知性の塊のような人。
□ (12) クルミの殻を割る。
□ (13) 臨時に職員を雇う。
□ (14) 会社設立のために奔走する。
□ (15) 年齢《ねんれい》を詐称する。
□ (16) 暁ごろ月食が見られた。
□ (17) 携帯《けいたい》電話を弄ぶ。
□ (18) 食糧自給率の低下が心配だ。
□ (19) 銃の密輸が摘発《てきはつ》された。
□ (20) 簡単明瞭な答えが返ってきた。
□ (21) 野菜を酢に漬《つ》ける。
□ (22) 水筒《すいとう》には一滴の水もない。
□ (23) 事故が連鎖して起きる。
□ (24) 崇高な理念を掲《かか》げる。
□ (25) 自転車を惰性で走らせる。

ヒント

(1) あまりしゃべらないこと。
(9) 心の底、本心のこと。
(11) (16) (17) 四文字で答える。

2 〈漢字の書き〉線部のカタカナを漢字に直しなさい。

□ (1) カブンにして存じません。

□ (2) ローマ帝国はリュウセイを極《きわ》めた。

□ (3) 写実的でセイチな彫刻《ちょうこく》。

□ (4) 声が小さく、ハキがない。

□ (5) 出し物は拍手《はくしゅ》カッサイだった。

□ (6) 電気スイハン器が壊《こわ》れた。

□ (7) 私の作品がカサクに選ばれた。

□ (8) 神経のチュウスウに作用する毒。

□ (9) 和洋セッチュウの邸宅《ていたく》。

□ (10) ハクライ品のスーツ。

□ (11) 時価数億円のキンカイを隠《かく》す。

□ (12) 浜辺《はまべ》でカイガラを拾う。

□ (13) 高齢者のコヨウを促進《そくしん》する。

□ (14) 自由ホンポウに生きる。

□ (15) もうけ話を餌にサギを働く。

□ (16) 成功のアカツキには報酬《ほうしゅう》が出る。

□ (17) 船は大波にホンロウされた。

□ (18) ショクリョウ供給の安定を図《はか》る。

□ (19) 遠くからジュウセイが聞こえた。

□ (20) 食事中なのは一目リョウゼンだ。

□ (21) すっぱいスの物が好物だ。

□ (22) 雨のシズクが肩《かた》にかかる。

□ (23) クサリで縛《しば》って固定する。

□ (24) 人々のスウハイを集める聖像。

□ (25) 働きもせず、タイダな生活を送る。

ヒント

(1) 見聞きしてる範囲《はんい》が狭《せま》いこと。へりくだっていう。
(3) 非常に細かく、せい密なこと。
(4) 進んでやろう、勝とうという気持ちのこと。
(13) やとうこと。
(25) なまけて、きちんとしていないこと。

中学新出漢字

□寡 □隆 □緻 □覇 □喝 □采 □炊 □佳
□枢 □衷 □舶 □塊 □殻 □扉 □奔 □詐
□暁 □弄 □糧 □銃 □瞭 □酔 □滴 □鎖
□崇 □惰

必修問題 上級の漢字⑩

▼答え 別冊p.19

1

〈漢字の読み〉
――線部の漢字の読みを答えなさい。

□ (1) テニス部の顧問の先生。
□ (2) 家族が仕事の疲《つか》れを癒やしてくれる。
□ (3) タバコの弊害を説く。
□ (4) 山の斜面《しゃめん》を開墾して田畑を作る。
□ (5) 第二次世界大戦が勃発した。
□ (6) 酒に溺《おぼ》れ、堕落した生活を送った。
□ (7) 納豆《なっとう》は発酵を利用した食品です。
□ (8) 娯楽《ごらく》番組は放送を自粛している。
□ (9) OBが集まって懇談する。
□ (10) 紫外線《しがいせん》を遮蔽する素材。
□ (11) 撮影《さつえい》現場を撤収する。
□ (12) 汎用性の高い技術。
□ (13) 骨の髄まで凍《こご》えそうだ。
□ (14) 祝電を披露いたします。
□ (15) いさかいが訴訟に発展した。
□ (16) なんだか憂鬱な気分だ。
□ (17) 大作家の文体を模倣する。
□ (18) 敵の陰謀を暴《あば》く。
□ (19) 飛行機が墜落する。
□ (20) これといってとりえのない凡庸な人。
□ (21) あまりの騒音《そうおん》に耳を塞ぐ。
□ (22) 閑静な住宅街。
□ (23) 服の袖《そで》が綻び始めた。
□ (24) 費用はなんとか捻出した。
□ (25) 相手の気持ちを詮索する。

ヒント

(10) さえぎること。
(12) いろいろな方面に応用できること。
(17) まねること。
(24) ひねり出すこと。

2 〈漢字の書き〉——線部のカタカナを漢字に直しなさい。

(1) 他のことをカエリみる余裕《よゆう》がない。
(2) 医師のおかげでけががチユした。
(3) 「害悪」と言うとゴヘイがあるが。
(4) 原野をカイコンして牧場にする。
(5) 産業がボッコウする。
(6) 賄賂《わいろ》が横行するダラクした政治。
(7) コウソの働きを利用した食品加工。
(8) 綱紀《こうき》のシュクセイを図る。
(9) 援助《えんじょ》をコンガンされた。
(10) 不祥事《ふしょうじ》をインペイする。
(11) わが社は小売業からテッタイする。
(12) 同じ規格の部品をハンヨウする。
(13) これぞ学問のシンズイだ。
(14) 練習の成果をヒロウする。
(15) 住民が集団でソショウを起こす。
(16) 来週テストだと思うとユウウツだ。
(17) 芸術は自然のモホウから始まる。
(18) サンボウ役として監督《かんとく》を支える。
(19) 国王の権威《けんい》はシッツイした。
(20) 穏健《おんけん》でチュウヨウな思想。
(21) 戦車が敵のヨウサイを砲撃《ほうげき》した。
(22) 平日で店内はカンサンとしている。
(23) 投資の失敗で経営がハタンする。
(24) 転んで右足をネンザした。
(25) ショセン代用品だ。

ヒント

(1) 同訓異字に注意。
(9) 心をこめておねがいすること。
(13) 奥《おく》にある本質のこと。
(19) うしなわれること。
(20) どちらにも偏《かたよ》っていないこと。

中学新出漢字

顧 癒 弊 墾 勃 堕 酵 粛
懇 蔽 撤 汎 髄 披 訟 憂
鬱 倣 謀 墜 庸 塞 閑 綻
捻 詮

●使用が限られた漢字②

小中学校で学ぶ常用漢字であっても、特殊《とくしゅ》な熟語で使われたり、あまり用いられなかったりするために、高等学校で学ぶように決められている音訓がある。このうち、中学校での学習や読書の際に目に触《ふ》れることが多い音訓や語句を挙げておく。

①音読み

悪・オ（悪寒《オカン》・嫌悪《ケンオ》・好悪《コウオ》）　押・オウ（押印《オウイン》・押収《オウシュウ》）
奥・オウ（奥州《オウシュウ》・深奥《シンオウ》）　渦・カ（渦中《カチュウ》）　嫁・カ（転嫁《テンカ》）
稼・カ（稼働《カドウ》・稼業《カギョウ》）　会・エ（会得《エトク》・一期一会《イチゴイチエ》）
格・コウ（格子《コウシ》）　期・ゴ（最期《サイゴ》）　詰・キツ（詰問《キツモン》・難詰《ナンキツ》）
供・ク（供物《クモツ》・供養《クヨウ》）　詣・ケイ（参詣《サンケイ》）　肩・ケン（双肩《ソウケン》）
建・コン（建立《コンリュウ》）　懸・ケ（懸念《ケネン》）　貢・ク（年貢《ネング》）
慌・コウ（恐慌《キョウコウ》）　冊・サク（短冊《タンザク》）　殺・セツ（殺生《セッショウ》）
傘・サン（傘下《サンカ》）　矢・シ（一矢《イッシ》）　枝・シ（枝葉《シヨウ》）
施・セ（施策《セサク》・施主《セシュ》）　事・ズ（好事《コウズ》）　若・ニャク（老若《ロウニャク》）
就・ジュ（成就《ジョウジュ》）　女・ニョウ（女房《ニョウボウ》）　上・ショウ（上人《ショウニン》）
情・セイ（風情《フゼイ》）　拭・ショク（払拭《フッショク》）　食・ジキ（餌食《エジキ》）
織・ショク（染織《センショク》）　数・ス（数寄屋《スキヤ》）　成・ジョウ（成就《ジョウジュ》）
政・ショウ（摂政《セッショウ》）　盛・ジョウ（繁盛《ハンジョウ》）　昔・セキ（昔日《セキジツ》）
説・ゼイ（遊説《ユウゼイ》）　遡・ソ（遡上《ソジョウ》）　巣・ソウ（巣窟《ソウクツ》・営巣《エイソウ》）
想・ソ（愛想《アイソ》）　団・トン（布団《フトン》）　壇・タン（土壇場《ドタンバ》）
通・ツ（通夜《ツヤ》）　賭・ト（賭博《トバク》）　頭・ト（音頭《オンド》）
納・ナ（納屋《ナヤ》）　白・ビャク（白夜《ビャクヤ》・黒白《コクビャク》）　坂・ハン（登坂《トハン》）
眉・ビ（眉目《ビモク》・白眉《ハクビ》）　苗・ビョウ（種苗《シュビョウ》）　病・ヘイ（疾病《シッペイ》）
風・フ（風情《フゼイ》）　兵・ヒョウ（兵糧《ヒョウロウ》）　亡・モウ（亡者《モウジャ》）
凡・ハン（凡例《ハンレイ》）　由・ユイ（由緒《ユイショ》）　遊・ユ（遊山《ユサン》）
腰・ヨウ（腰痛《ヨウツウ》）　立・リュウ（建立《コンリュウ》）　律・リチ（律儀《リチギ》）
糧・ロウ（兵糧《ヒョウロウ》）　戻・レイ（返戻《ヘンレイ》）

②訓読み　〈　〉内は送りがな

栄・は〈え・える〉　詠・よ〈む〉　過・あやま〈つ・ち〉
懐・ふところ　懐・なつ〈かしい・かしむ・く〉
陥・おとしい〈れる〉　患・わずら〈う〉　偽・にせ
戯・たわむ〈れる〉　競・せ〈る〉　仰・おお〈せ〉
潔・いさぎよ〈い〉　弦・つる　鼓・つづみ
更・ふ〈ける・かす〉　興・おこ〈る・す〉　際・きわ
旨・むね　秀・ひい〈でる〉　充・あ〈てる〉
瞬・またた〈く〉　初・うい　焦・あせ〈る〉　醸・かも〈す〉
食・く〈らう〉　請・こ〈う〉　接・つ〈ぐ〉
染・し〈みる・み〉　礎・いしずえ　奏・かな〈でる〉
葬・ほうむ〈る〉　装・よそお〈う〉　定・さだ〈か〉
滴・したた〈る〉　灯・ひ　悼・いた〈む〉　難・かた〈い〉
培・つちか〈う〉　否・いな　憤・いきどお〈る〉
芳・かんば〈しい〉　亡・な〈い〉　紡・つむ〈ぐ〉
傍・かたわ〈ら〉　暴・あば〈く〉　翻・ひるがえ〈る・す〉
免・まぬか〈れる〉　面・つら　目・ま　欲・ほっ〈する〉
絡・から〈む・まる・める〉　利・き〈く〉　麗・うるわ〈しい〉
老・ふ〈ける〉

3章

高校入試対策

高校入試によく出題される
同音異義語、同訓異字、慣用句、
ことわざ、故事成語をまとめた。
ここで最終チェックしよう。

必修問題　同音異義語

(1) イガイな結末に終わる。［　　］
(2) 関係者イガイ立ち入り禁止。［　　］
(3) イギのある生活を送ろう。［　　］
(4) イギを唱える。［　　］
(5) 同音イギの言葉。［　　］
(6) 強いイシの持ち主。［　　］
(7) はっきりとイシ表示をする。［　　］
(8) 先人のイシを引き継《つ》ぐ。［　　］
(9) イジョウな行動をする。［　　］
(10) 室内にイジョウは見られない。［　　］
(11) ガイカンがりっぱな建物。［　　］
(12) 戦後史をガイカンする。［　　］
(13) アンケートのカイトウを集める。［　　］
(14) 試験問題にカイトウする。［　　］

(15) 病人をカイホウする。［　　］
(16) 病気がカイホウに向かう。［　　］
(17) 教室の窓をカイホウする。［　　］
(18) 奴《ど》隷《れい》をカイホウする。［　　］
(19) 問題のカクシンに触《ふ》れる。［　　］
(20) 勝利をカクシンする。［　　］
(21) 短歌のカクシン運動を起こす。［　　］
(22) 熱帯植物をカンショウする。［　　］
(23) 世界の名曲をカンショウする。［　　］
(24) 他国の内政にカンショウする。［　　］
(25) みごとな演技にカンシンする。［　　］
(26) 星の動きにカンシンを持つ。［　　］
(27) 客のカンシンを買う。［　　］
(28) カンシンに堪《た》えない事件。［　　］

▼答え　別冊 p.20

□
(29) 交通をキセイする。［　］
(30) キセイの事実。［　］
(31) キセイ品の洋服。［　］
(32) 正月にはキセイする。［　］

□
(33) 生存キョウソウに勝ち残る。［　］
(34) 百メートルキョウソウに出場する。［　］

□
(35) 温和な人柄《ひとがら》にコウイを持つ。［　］
(36) あなたのごコウイに感謝する。［　］

□
(37) コウセイな審判を求める。［　］
(38) 悪の道からコウセイする。［　］
(39) 福利コウセイ施設《しせつ》を拡充《かくじゅう》する。［　］
(40) コウセイに残るりっぱな作品。［　］
(41) 原稿《げんこう》のコウセイをする。［　］

□
(42) サイゴの走者が姿を見せる。［　］
(43) 壮烈《そうれつ》なサイゴを遂《と》げる。［　］

□
(44) 事態をシュウシュウする。［　］
(45) 切手をシュウシュウする。［　］

□
(46) 親に友人をショウカイする。［　］
(47) 住所を市役所にショウカイする。［　］

□
(48) 車が駐車場《ちゅうしゃじょう》にシンニュウした。［　］
(49) 泥棒《どろぼう》が家屋にシンニュウする。［　］
(50) 濁流《だくりゅう》が田畑にシンニュウする。［　］

□
(51) 左右タイショウの図形を描《えが》く。［　］
(52) 研究のタイショウにする。［　］
(53) 二人の性格はタイショウ的だ。［　］

□
(54) 幹部の責任をツイキュウする。［　］
(55) 利潤《りじゅん》をツイキュウする。［　］
(56) 真理をツイキュウする。［　］

□
(57) 今年は商売がフシンである。［　］
(58) 行動がフシンな男がいる。［　］
(59) 政府の対応にフシン感を持つ。［　］

□
(60) 後輩《こうはい》の身元をホショウする。［　］
(61) 損害のホショウを請求《せいきゅう》する。［　］
(62) 生命の安全をホショウする。［　］

必修問題　同訓異字

▼答え　別冊p.20

□
(1) 計算がアう。　〔　　〕
(2) 駅で友人にアう。　〔　　〕
(3) にわか雨にアう。　〔　　〕

□
(4) 夜がアける。　〔　　〕
(5) 予定をアける。　〔　　〕
(6) 窓をアける。　〔　　〕

□
(7) アタタかい日。　〔　　〕
(8) アタタかい家庭。　〔　　〕

□
(9) アツい湯を注ぐ。　〔　　〕
(10) 今年の夏はアツい。　〔　　〕
(11) アツい壁《かべ》で隔《へだ》てる。　〔　　〕

□
(12) 男が姿をアラワす。　〔　　〕
(13) 喜びをアラワす。　〔　　〕
(14) 小説をアラワす。　〔　　〕

□
(15) 足の傷がイタむ。　〔　　〕
(16) 雨風で家がイタむ。　〔　　〕
(17) 友人の死をイタむ。　〔　　〕

□
(18) 水面に影《かげ》をウツす。　〔　　〕
(19) 教科書をウツす。　〔　　〕
(20) 郊外《こうがい》に家をウツす。　〔　　〕

□
(21) 危険をオカす。　〔　　〕
(22) 罪をオカす。　〔　　〕
(23) 人権をオカす。　〔　　〕

□
(24) 国をオサめる。　〔　　〕
(25) 税金をオサめる。　〔　　〕
(26) 学問をオサめる。　〔　　〕
(27) 成功をオサめる。　〔　　〕

□
(28) 過去をカエリみる。　〔　　〕
(29) 行動をカエリみる。　〔　　〕

□
(30) 姿をカえる。　〔　　〕
(31) 電車を乗りカえる。　〔　　〕
(32) 人形を着せカえる。　〔　　〕
(33) 挨拶《あいさつ》にカえる。　〔　　〕

□
(34) 壁に絵をカける。　〔　　〕
(35) 命をカけて戦う。　〔　　〕
(36) 川に橋をカける。　〔　　〕

□
(37) 地盤《じばん》がカタい。　〔　　〕
(38) カタい木を切る。　〔　　〕
(39) カタい石を割る。　〔　　〕

□
(40) 洗濯物《せんたくもの》がカワく。　〔　　〕
(41) のどがカワく。　〔　　〕

□
(42) 人の話をキく。［　　］
(43) 演奏をキく。［　　］
(44) 薬がキく。［　　］
(45) 機転がキく。［　　］

□
(46) 腰《こし》に刀をサす。［　　］
(47) 北の方角をサす。［　　］
(48) 花瓶《かびん》に花をサす。［　　］
(49) 刃物《はもの》で人をサす。［　　］

□
(50) 目がサめる。［　　］
(51) 料理がサめる。［　　］

□
(52) 時計をススめる。［　　］
(53) 入会をススめる。［　　］
(54) 候補者にススめる。［　　］

□
(55) 台風にソナえる。［　　］
(56) 神棚《かみだな》にソナえる。［　　］

□
(57) 道順をタズねる。［　　］
(58) 友人宅をタズねる。［　　］

□
(59) 席をタつ。［　　］
(60) 家がタつ。［　　］
(61) 消息をタつ。［　　］
(62) 布地をタつ。［　　］
(63) 退路をタつ。［　　］

□
(64) 汚《よご》れがツく。［　　］
(65) 目的地にツく。［　　］
(66) 教職にツく。［　　］
(67) やりで敵をツく。［　　］

□
(68) 議長をツトめる。［　　］
(69) 会社にツトめる。［　　］
(70) 解決にツトめる。［　　］

□
(71) 問題をトく。［　　］
(72) 仏の教えをトく。［　　］
(73) 絵の具をトく。［　　］

□
(74) 室内をトトノえる。［　　］
(75) 支度《したく》をトトノえる。［　　］

□
(76) 荷物をトる。［　　］
(77) 会社で事務をトる。［　　］
(78) 新入社員をトる。［　　］
(79) 風景写真をトる。［　　］
(80) 猫《ねこ》が獲物《えもの》をトる。［　　］

□
(81) 車に人をノせる。［　　］
(82) 広告をノせる。［　　］

□
(83) 身長がノびる。［　　］
(84) 寿命《じゅみょう》がノびる。［　　］

□
(85) 合理化をハカる。［　　］
(86) 距離《きょり》をハカる。［　　］
(87) 時間をハカる。［　　］
(88) 重さをハカる。［　　］
(89) 暗殺をハカる。［　　］
(90) 審議会《しんぎかい》にハカる。［　　］

□
(91) まだ時間がハヤい。［　　］
(92) 川の流れがハヤい。［　　］

□ (1) [　　]を取る　言葉尻《ことばじり》をとらえて非難する。

□ (2) [　　]が棒になる　長く歩いたりして疲《つか》れる。

□ (3) [　　]から鳥が立つ　突然《とつぜん》のことであわてる。

□ (4) [　　]を見る　人の弱みにつけ込《こ》む。

□ (5) [　　]を洗う　今までの境遇《きょうぐう》などから抜《ぬ》け出す。

□ (6) [　　]を引っぱる　他人の前進や成功を妨《さまた》げる。

□ (7) [　　]をしめる　前のよさが忘れられず、また期待する。

□ (8) あとの[　　]　時期遅《おく》れで、手遅れである。

□ (9) あぶ[　　]取らず　二つのものを得ようとして、どちらも取れないこと。

□ (10) [　　]を売る　むだ話などをして仕事をさぼる。

□ (11) [　　]をのむ　はっとして思わず呼吸を止める。

□ (12) [　　]に付く　仕事などがその人にしっくり合う。

□ (13) [　　]置く　相手が自分より勝《まさ》っているとして、敬意を払《はら》う。

□ (14) [　　]の遠ぼえ　臆病《おくびょう》者がかげで虚勢《きょせい》を張ること。

□ (15) [　　]立つ　落ち着かなくて逃《に》げ腰《ごし》になる。

□ (16) [　　]によりをかける　自分の腕前《うでまえ》を見せようとはりきる。

□ (17) [　　]の大木　大きいだけで役に立たないもの。

□ (18) [　　]二つ　顔つきなどがよく似ていること。

□ (19) [　　]を濁《にご》す　その場を取りつくろってごまかす。

□ (20) [　　]付き　確かであると保証する。

□ (21) [　　]に泥《どろ》を塗《ぬ》る　面目《めんぼく》を失わせる。恥《はじ》をかかせる。

□ (22) [　　]を貸す　頼《たの》まれて人に会ったり、人前に出たりする。

□ (23) [　　]を飲む　ことの成り行きを心配して見守る。

□ (24) [　　]を持つ　味方をする。好意を持つ。

□ (25) [　　]を脱《ぬ》ぐ　自分の力が及ばなくて参る。

□ (26) 木で[　　]をくくる　たいへん無愛想な様子。

□ (27) [　　]が堅《かた》い　秘密などを軽々しく人に言わない。

□ (28) [　　]を(に)のりする　貧しく暮らす。

□ (29) [　　]に乗る　人の口先にだまされる。

□ (30) [　　]をつかむ　とらえどころがない様子。

□ (31) [　　]の功名　失敗したことが、かえってよい結果になる。

□ (32) ［　　］を砕《くだ》く　心配し、苦労する。

□ (33) ［　　］を据《す》える　落ち着いてことをする。

□ (34) ［　　］に挟《はさ》む　聞くとはなしに聞く。

□ (35) ［　　］を投げる　救済の見込みがないと断念する。

□ (36) ［　　］を打つ　おいしいものを食べて舌を鳴らす。

□ (37) ［　　］を削《けず》る　はげしく争う。

□ (38) ［　　］に火がつく　物事が切迫して、じっとしていられない。

□ (39) ［　　］の涙《なみだ》　ごくわずかなこと。

□ (40) ［　　］の一声　権威《けんい》ある人の一言で、多くの人がいやおうなくそれに従うこと。

□ (41) ［　　］にかける　自分の手で世話をする。

□ (42) ［　　］に余る　自分の能力では処理ができない。

□ (43) ［　　］を打つ　必要な手段を考える。

□ (44) ［　　］を切る　今までの関係を絶つ。

□ (45) ［　　］を現す　才能などが群を抜いて現れる。

□ (46) ［　　］を踏《ふ》む　物事をするのにためらう。

□ (47) ［　　］の手も借りたい　忙《いそが》しくて手がたりない。

□ (48) ［　　］をかぶる　本性を隠《かく》しておとなしく見せる。

□ (49) ［　　］に水　急なできごとに驚《おどろ》く様子。

□ (50) 根も［　　］もない　まったく根拠《こんきょ》がない。

□ (51) ［　　］の勢い　とどめがたいほど激しく進む勢い。

□ (52) 歯に［　　］着せぬ　ずけずけとものを言う。

□ (53) ［　　］にかける　自慢《じまん》する。

□ (54) ［　　］を折る　相手に恥《はじ》をかかせる。

□ (55) ［　　］を乗り出す　乗り気になる。

□ (56) ［　　］に振《ふ》る　努力をむだにしてしまう。

□ (57) ［　　］入らず　内輪《うちわ》の者だけで他人を交えない。

□ (58) ［　　］を差す　横合いから邪魔《じゃま》をする。

□ (59) ［　　］をそろえる　金額を不足なくそろえる。

□ (60) 目から［　　］へぬける　抜け目がなくすばしこい。

□ (61) ［　　］に余る　見過ごせないほどひどい。

□ (62) ［　　］に角《かど》を立てる　怒《いか》りを含んだ目で見る。

□ (63) ［　　］をかける　世話をする。ひいきにする。

□ (64) ［　　］をつぶる　知らないふりをする。

□ (65) 元も［　　］もない　何もかもすっかり失う。

□ (66) やぶから［　　］　だしぬけに物事をする。

□ (67) ［　　］をくわえる　何もせずにうらやましがる。

□ (68) ［　　］を押《お》す　理不尽《りふじん》なことを押し通す。

□ (69) ［　　］が明かない　物事が解決しない。

□ (70) ［　　］をかける　程度がひどい。大げさに言う。

必修問題　ことわざ

▼答え　別冊 p.21

□ (1) **悪事［　　　］を走る**　悪い行いは、たちまち世間に知れ渡《わた》る。

□ (2) **雨降って［　　　］固まる**　悪いことなどがあったあとは、前よりかえってよくなる。

□ (3) **［　　　］をたたいて渡る**　用心の上にも用心する。

□ (4) **一寸の虫にも［　　　］の魂《たましい》**　小さく弱いものにも、それ相応の意地や思慮《しりょ》があるから、あなどりがたいこと。

□ (5) **井の中の［　　　］大海を知らず**　自分の狭《せま》い考えにとらわれて、広い世界を知らずにいばっている。

□ (6) **［　　　］の頭も信心から**　つまらないものでも、信心の対象となれば、ありがたくなる。

□ (7) **［　　　］の耳に念仏**　人の意見に耳を傾《かたむ》けず、聞き流すこと。

□ (8) **江戸《えど》の敵《かたき》を［　　　］で討《う》つ**　関わりのない所や筋《すじ》違《ちが》いのことで、うらみをはらす。

□ (9) **えびで［　　　］を釣《つ》る**　わずかな元手で大きな得をする。

□ (10) **帯に短し［　　　］に長し**　物事が中途半端《ちゅうとはんぱ》で役に立たない。

□ (11) **おぼれる者は［　　　］をもつかむ**　危険な目に遭《あ》っている者は、どんなものでも頼《たよ》りにする。

□ (12) **火中の［　　　］を拾う**　自分の得にならないのに、非常に危ない仕事をする。

□ (13) **［　　　］の川流れ**　名人でも時には失敗することがある。

□ (14) **［　　　］の甲より年の功**　長年の経験は尊いものである。

□ (15) **［　　　］も山のにぎわい**　つまらないものでも、ないよりはましであるということ。

□ (16) **木によりて［　　　］を求む**　方法が間違っているので、得ようとしても得られない。

□ (17) **［　　　］寄れば文殊《もんじゅ》の知恵《ちえ》**　みんなで集まって相談すれば、よい考えが出ること。

□ (18) **［　　　］を追う者は山を見ず**　あることに夢中になっていると、他を顧《かえり》みず道理を失う。

□ (19) **朱《しゅ》に交われば［　　］なる**　人は交わる友によって、善悪どちらにも感化させられる。

□ (20) **［　　］百まで踊《おど》りを忘れず**　幼いときに覚えた習慣は、年をとっても直らない。

□ (21) **［　　］に腹は代えられぬ**　大事のため、他を顧みない。

□ (22) **船頭多くして船［　　］に登る**　指図をする者が多いと、統一がとれずとんでもない方向へ進む。

□ (23) **前門の虎《とら》後門の［　　］**　やっと一つの災難を逃《のが》れたと思ったら、また新しい災難がやってくること。

□ (24) **灯台［　　］暗し**　身近なことは、かえってわかりにくい。

□ (25) **捕《と》らぬ［　　］の皮算用**　確かでないことに期待をかけ、それをもとにあれこれ計算を立てること。

□ (26) **［　　］の背比べ**　どれもみな同じように平凡《へいぼん》で、とくに優《すぐ》れたものがないこと。

□ (27) **［　　］は人のためならず**　人に思いやりをかけておけば、回り回って自分にもよいことが巡《めぐ》ってくる。

□ (28) **二足の［　　］を履《は》く**　両立しないような二種類の仕事を一人で兼《か》ねる。

□ (29) **二兎《にと》を追う者は［　　］兎をも得ず**　同時に二つのことをしようとすると、結局どちらもうまくできない。

□ (30) **能ある［　　］は爪を隠《かく》す**　優れた才能や実力のある者ほど、日ごろはそれを見せびらかさない。

□ (31) **［　　］に腕押《うでお》し**　少しも手ごたえがないこと。

□ (32) **花より［　　］**　名目より実利を取れということ。

□ (33) **人のうわさも［　　］日**　世間で評判になっても、しばらくたつと自然に忘れられてしまうこと。

□ (34) **［　　］は一見にしかず**　何事も、人から聞くよりも、一度実際に自分の目で見る方がよくわかる。

□ (35) **ひょうたんから［　　］**　意外な所から意外なものが現れること。

□ (36) **［　　］にも衣装**　どんなにつまらない者でも、身なりを整えればりっぱに見えるということ。

□ (37) **身から出た［　　］**　自分のした悪行の報《むく》いで苦しみや害を受けるたとえ。

□ (38) **焼け石に［　　］**　やっても効き目がないこと。

□ (39) **弱り目に［　　］**　運の悪いときに、さらに運の悪いことが重なること。

□ (40) **渡りに［　　］**　ちょうど何かをしようと思っているところへ、都合のよいことが起こること。

▼答え 別冊 p.21

□(1)【　　　】本や作品のもっとも優《すぐ》れたところ。
〔いわれ〕昔、中国で科挙《かきょ》（官吏《かんり》登用試験）をしたとき、もっとも優れた答案を一番上に載《の》せた。

□(2)【　　　】物事の眼目（中心）となるところ。最後の仕上げ。
〔いわれ〕昔、中国である画家が竜《りゅう》の絵を描《えが》いたが、睛（ひとみ）は描き入れなかった。みんなが睛も描いてくれと言うので、描き入れると、竜は天に昇《のぼ》っていった。「画竜点睛を欠く」といえば、「全体的にはよくできているが、一点だけ不十分なところがある」という意味。

□(3)【　　　】完全で欠けたところがないこと。
〔いわれ〕趙《ちょう》の国にあった名玉（璧《へき》）を秦《しん》の国王が欲《ほ》しがり、玉を取り上げようと強制した。そのとき、秦に使いに出した者の働きで璧を取り戻《もど》すことができた。

□(4)【　　　】無用の心配。取り越《こ》し苦労。
〔いわれ〕春秋時代、杞《き》の国に、天が崩《くず》れて落ちてこないかと心配するあまり、夜も寝《ね》られず、食事ものどを通らなかったという人がいた、という話による。

□(5)【　　　】を執《と》る　団体などの中心人物になって指揮する。
〔いわれ〕昔、中国の諸侯《しょこう》が集まって盟約を結ぶときには、牛の耳を裂《さ》いて血をすすり合い、尊い者が耳をとった。牛耳をとるのは全体の中心人物であることから、中心となって指導することをいう。「牛耳る」ともいう。

□(6)【　　　】の利　両者が争っているすきに第三者が利益を横取りすること。第三者の利益。
〔いわれ〕シギがドブ貝の肉をくちばしでつついて食べようとしたので、貝はそのくちばしをはさんだ。両方が意地の張り合いをしているところを漁師が捕《と》らえてしまった。

□(7)【　　　】の功　苦労して学問したかいがあって、期待していた成果を達成できること。
〔いわれ〕車胤《しゃいん》という人は、家が貧しいため油が買えず、夏の間は蛍《ほたる》を集めてその明かりで読書し、のち出世した。孫康《そんこう》の家も貧しく、やはり油が買えず、あるとき雪の明かりで読書し、のちに高官になった。

□ (8)【　　】仲の悪い者どうしが行動をともにすること。敵どうしが協力し合うこと。
〔いわれ〕春秋時代の呉《ご》と越《えつ》は宿敵だったが、両国の人が同じ舟《ふね》で大河を渡《わた》っていて遭難《そうなん》したとき、敵どうしなのに左右の手のように助け合った。

□ (9)【　　】似たり寄ったり。大差のないこと。
〔いわれ〕合戦の最中に逃《に》げ出した兵がいた。一人は五十歩逃げたが、もう一人は百歩逃げたので、前者が後者を弱虫だと言って笑った。しかし、逃げた点では変わりがない。

□ (10)【　　】何が何やらさっぱりわからないこと。
〔いわれ〕後漢の張櫂《ちょうかい》という人は、五里四方にわたって深い霧《きり》を起こすことができた。その霧の中に入ると、何も見えず、見当がつかなくなった。

□ (11)【　　】人生の禍福《かふく》・吉凶《きっきょう》は予測できないということ。
〔いわれ〕国境の塞《とりで》近くに住む老翁《ろうおう》の飼っていた馬が、国境を越えて隣国《りんごく》へ逃げてしまった。しかし、数か月後その馬は名馬を引き連れて帰ってきたので、災難が幸福をもたらした。ところが、老人の息子《むすこ》がその馬から落ちて大けがをしてしまったので、幸福が転じて災難となった。やがて、隣国との戦争が始まり、若者が十人中九人までも戦死するという状態になった。しかし、老人の息子は大けがのために戦場に行かなくてすみ、災難が幸福をもたらした、という話にもとづく。「人間万事塞翁が馬」ともいう。

□ (12)【　　】の礼　目上の人が礼を尽くして賢者《けんじゃ》に物事を頼むこと。
〔いわれ〕三国時代の蜀《しょく》の劉備《りゅうび》は、諸葛孔明《しょかつこうめい》を軍に迎《むか》えようと家を訪ねたが、会ってくれなかった。しかし、劉備が三度も重ねて訪ねると、そのことに心を打たれた孔明は、ついに劉備の軍師となって仕えることになった。

□ (13)【　　】助けがなく、孤立《こりつ》すること。周囲がみな敵であること。
〔いわれ〕前漢の初め、項羽《こうう》の軍が劉邦《りゅうほう》（のちの高祖帝《こうそてい》）の軍に包囲されてしまったとき、劉邦は一計を案じ、部下に一斉《いっせい》に項羽の出身地である楚《そ》の国の歌を歌わせた。項羽は、楚の人々が歌っているものと思い込《こ》み、わが故郷まで敵の手に落ちたか、と落胆《らくたん》し覚悟《かくご》を決めた。

□ (14)【　　】世の推移に従わずに、古い慣習を守る。
〔いわれ〕周の時代の宋《そう》の国に、一人の農夫がいた。ある日、畑に出てみると、一匹《いっぴき》のうさぎが出てきて切り株にぶつかり死んでしまった。労せずうさぎを手に入れた農夫は、それからは切り株の番ばかりするようになった。しかし、二度とうさぎを手に入れることはできず、みんなの物笑いの種となった。「株《くいぜ》を守る」ともいう。

□⒂【　　　　】不必要な力添《ちからぞ》えをして、かえって害すること。

〔いわれ〕周代の宋《そう》の国の農夫が、苗《なえ》の生長を早めようとして苗を引っぱった。翌朝、見に行くと苗はすべて水面に浮《う》いてだめになっていた。

□⒃【　　　　】詩や文章の字句・内容をよく練り上げること。

〔いわれ〕中唐《ちゅうとう》の詩人である賈島《かとう》が科挙《かきょ》(官吏《かんり》登用試験)を受けるために、長安《ちょうあん》にやってきて、ろばに乗りながら詩を作っていたとき、「僧《そう》は推《お》す月下《げっか》の門」の一句が浮かんだ。しかし、「僧は敲《たた》く月下の門」の方がよさそうに思い、あれこれ思案しているうちに、うっかり長安市長である韓愈《かんゆ》の行列の中にろばを乗り入れてしまった。賈島は韓愈の家来に捕《と》らえられたが、ことの次第《しだい》を説明したところ、韓愈は無礼をとがめずしばらく考えた上で、「敲の字のほうがよい」と助言し、ふたりは道々詩を論じ合った。

□⒄【　　　　】釣《つ》りをする人。

〔いわれ〕周の文王《ぶんおう》が狩《か》りに出かけたとき、一人の老人が川べりで釣り糸を垂れていた。言葉を交わすと、その人は呂尚《りょしょう》というたいへんな賢人《けんじん》だった。文王は、かねて父の太公が待ち望んでいた人にちがいないとして、太公望と名づけ軍師に迎《むか》えた。

□⒅【　　　　】の石　どんなことでも自分を磨《みが》く助けになるということ。

〔いわれ〕よその山から出た粗悪《そあく》な石でも自分の宝である玉を磨くのに役立つ、という意の文句「他山の石以《もっ》て玉を攻《おさ》むべし」から出たもの。

□⒆【　　　　】よけいなつけたし。

〔いわれ〕主人から酒をもらった召使《めしつか》いたちが蛇《へび》の絵の描《えが》きっこをして、最初に仕上げた者がその酒を一人で飲むことに決めた。すばやく描き上げた男が、つい調子に乗り「足もつけてやろう」と描きだしたとき、次に描き終えた男がその酒を奪い取りながら、「蛇に足なんかあるものか」と言った。

□⒇【　　　　】目先の違《ちが》いにばかり気を取られて、結果が同じことに気がつかないこと。

〔いわれ〕春秋時代の宋《そう》の国に、狙公《そこう》(猿《さる》まわし)という者がいた。多くの猿を飼っていたが、貧しくなってきたので、えさを節約しようと考えた。そこで朝食前に猿たちに「これからは、どんぐりの実を朝三つ、夜四つにしたい」と言った。すると、猿たちが怒《おこ》りだしたため、「では朝四つ、夜三つにしよう」と言うと、猿たちは大いに喜んだ。「言葉巧《たく》みに人をだますこと」の意味でも使う。

□(21)【　　　　】立身出世の関門。

〔いわれ〕黄河《こうが》の水が竜門《りゅうもん》というところで滝《たき》となって落ち、こいなどの魚は容易に登れないが、もしおどりあがることができたなら、竜になると言われた。

□(22)【　　　　】の威《い》を借る【　　　　】他人の威光をかさに着て威張る小人。

〔いわれ〕虎《とら》に捕《つか》まった狐《きつね》が、悪知恵《わるぢえ》を働かせて、「自分は天《てん》帝《てい》の命を受けて百獣《ひゃくじゅう》の長となっている。だから食ってはいけない。もし私の言葉を信用できないなら、一緒《いっしょ》に行ってみよう」と虎を従えて歩いた。すると、獣《けもの》たちは虎を恐《おそ》れて逃《に》げた。これを見て虎は、自分が恐れられているとも知らず、狐を恐れて逃げたものと思った。

□(23)【　　　　】の陣《じん》　決死の覚悟《かくご》でことに当たること。

〔いわれ〕前漢の高祖帝《こうそてい》（劉邦《りゅうほう》）に仕えた名将の韓信《かんしん》が用いた戦法。漢に歯向かう軍と対戦する際、韓信は、わざと前方に山、後方に川のある地形に陣取った。逃げ場のない兵士は決死の覚悟で闘《たたか》い、大勝を収めた。

□(24)【　　　　】相手を軽蔑《けいべつ》の目で見ること。

〔いわれ〕三国時代の末期、竹林に集まって清談（哲学的《てつがくてき》な議論）を展開していた人たちがいた。その中心になっていた人は、世俗的《せぞくてき》なものを嫌《きら》い、青目と白目を使い分けることができた。そして、世俗的な儀礼《ぎれい》などを尊ぶ人には白目を向けて応対した。

□(25)覆水《ふくすい》【　　　　】に返らず　一度したことは取り返しがつかないこと。

〔いわれ〕周の呂尚《りょしょう》が読書にふけってばかりいるので、愛想を尽《つ》かした妻は、離縁《りえん》を申し出て実家に帰ってしまった。その後、呂尚が功を立てて、斉《せい》の王に任命されると、妻は復縁を求めてきた。そのとき呂尚は、盆《ぼん》の水を傾《かたむ》けて水をこぼし、それを元通りにもどしたら希望に応じようと言った。

□(26)【　　　　】堅《かた》く守ること。または、自説を固持して譲《ゆず》らないこと。

〔いわれ〕戦国時代の思想家である墨子《ぼくし》は、楚《そ》の軍の攻撃《こうげき》に対して防御《ぼうぎょ》集団を作り、宋《そう》の守りが手薄《てうす》なところにかけつけ、全力を結集して補強に努めた。楚軍は新兵器の長いはしごを用いて九回も攻《せ》めたが、ついに墨子の鉄壁《てっぺき》の守りを破ることはできなかった。

□(27)【　　　　】だれにも遠慮《えんりょ》や気兼《きが》ねをしないで勝手気ままに振る舞うこと。

〔いわれ〕衛《えい》の荊軻《けいか》は、燕《えん》の国に行ったときに親しくなった楽器の名手である高漸離《こうぜんり》と、連日、市中に出かけては酒を飲んだ。酔《よ》うと、傍《かたわ》らに人がいないかのように振る舞った。

高校入試対策

第1回 模擬テスト

◎制限時間 30分　◎合格点 80点　▼答え 別冊 p.21

点

1

――線部の漢字の読み方を答えなさい。〈2点×15〉

(1) 文章を読んで、要点を把握する。（東京）
(2) 新入生を勧誘する。（富山）
(3) 緊急《きんきゅう》の事態に迅速に対応する。（神奈川）
(4) すぐれた人物を輩出する。（高知）
(5) 組織としての体裁がようやく整う。（鹿児島）
(6) 異なる意見でも排斥しない。（埼玉）
(7) 表情から堅固な意志が感じられる。（青森）
(8) 地球温暖化に警鐘を鳴らす。（宮城）
(9) 地球上の資源は無尽蔵ではない。（都立立川高）
(10) 懇談会に出席する。（福井）
(11) 猶予せずに出発する。（都立国立高）
(12) 自然の恩恵を受ける。（山梨）
(13) 砂を目の粗いふるいにかける。（岩手）
(14) 緩やかな上り坂だ。（栃木）
(15) 遠くの山が夕日に映える。（千葉）

(1)	(4)
(2)	(5)
(3)	(6)

2

――線部のカタカナを漢字に直しなさい。〈2点×15〉

(1) 会社にシュウショクする。（長野）
(2) 世界平和をテイショウする。（群馬）
(3) 祖母に小包をユウソウする。（岐阜）
(4) 舞台《ぶたい》は盛況《せいきょう》のうちにヘイマクした。（埼玉）
(5) 日本の主なボウエキ相手国について調べる。（宮城）
(6) 兄は新聞ハイタツの仕事をしている。（鹿児島）
(7) 日本国ケンポウの条文を読む。（山梨）
(8) 姉は旅行会社にキンムしている。（都立新宿高）
(9) 研究のリョウイキを広げる。（愛媛）
(10) 駅前広場をカクチョウする。（栃木）
(11) カンセン道路を通って帰る。（青森）
(12) 時間をゲンシュするように心がける。（神奈川）
(13) 柔《やわ》らかい朝の光をアびる。（福島）
(14) ヒタイに手を当てる。（山形）

(7)	(10)	(13)
(8)	(11)	(14)
(9)	(12)	(15)

⒂ 牧場で羊がムれをなしている。〈大阪〉

⑴	⑷	⑺	⑽	⒀
⑵	⑸	⑻	⑾	⒁
⑶	⑹	⑼	⑿	⒂

3

次の文章中の――線部⑴〜⑸までについて、漢字はその読みをひらがなで書き、カタカナは漢字で書きなさい。（愛知・改）

〈2点×5〉

情報技術はイチジルしい⑴進歩を遂げて⑵きた。インターネットの情報はすぐに手に入りベンリ⑶である。しかし、他の書物から単に抜粋⑷したものもたくさんあり、情報としての質はヒョウカ⑸の分かれるところである。

⑴	⑵	⑶
⑷	⑸	

4

次の⑴〜⑸の□に【無・不・未・非】のいずれかを当てはめて、熟語を完成させなさい。（東京・堀越高・改）

〈3点×5〉

⑴ □常識　⑵ □解決　⑶ □親切　⑷ □気力

⑸ □都合

⑴	⑵	⑶	⑷	⑸

5

次の□にあてはまる言葉をあとのア〜コからそれぞれ選び、記号で答えなさい。（東京・明治大付中野高）

〈3点×5〉

⑴ A先生のわかりやすい説明のあとなのですが、私が□ながら最後に一言付け加えます。

⑵ 私の立てた□な計画のために、みんなが迷惑《めいわく》を被《こうむ》った。

⑶ いつもけんかばかりしているB君とCさんが同じ班だなんて、まさに□だ。

⑷ よく□と言うように、悪いことばかりが続くものではない。

⑸ D君は一晩中、原稿《げんこう》用紙をにらみつけて、□を重ねてやっと作文を書き上げた。

ア 蛍雪《けいせつ》の功　イ 画竜点睛《がりょうてんせい》　ウ 呉越同舟《ごえつどうしゅう》

エ 塞翁《さいおう》が馬　オ 四面楚歌《そか》　カ 推敲《すいこう》

キ 助長　ク 杜撰《ずさん》　ケ 杞憂《きゆう》

コ 蛇足《だそく》

⑴	⑵	⑶	⑷	⑸

高校入試対策

第2回 模擬テスト

◎制限時間 30分　◎合格点 80点

▼答え 別冊 p.22

点

1 ――線部の漢字の読み方を答えなさい。〈2点×15〉

(1) 火山が噴煙を上げている。（山梨）
(2) 学校生活を満喫する。（埼玉）
(3) 個人の権利を擁護する。（都立国分寺高）
(4) 作文の添削をお願いする。（青森）
(5) 事件を克明に記録した。（沖縄）
(6) マグマの活動が一時緩慢になる。（都立青山高）
(7) 外国為替について調べる。（富山）
(8) 寸暇を惜《お》しんで楽器の練習に励《はげ》む。（神奈川）
(9) 利用者の便宜を図《はか》る新しいサービスを始める。（宮城）
(10) 新設の小学校に赴任する。（神奈川県立多摩高）
(11) 広告を載せる。（千葉）
(12) 気が紛れる。（栃木）
(13) 人々に感動を与《あた》える書物を著した。（宮崎）
(14) 農業に携わる。（愛媛）
(15) 紙面の半分を広告に割く。（都立戸山高）

(1)	(4)
(2)	(5)
(3)	(6)

2 ――線部のカタカナを漢字に直しなさい。〈2点×15〉

(1) 倉庫に米をチョゾウする。（千葉）
(2) テレビがコショウした。（栃木）
(3) 来賓《らいひん》からシュクジをいただく。（岩手）
(4) ウチュウから地球を眺《なが》める。（山梨）
(5) 監督《かんとく》はセンモン的な知識を持っている。（鹿児島）
(6) 倹約《けんやく》のためにサイフのひもを締《し》める。（埼玉）
(7) 学級イチガンとなって取り組む。（青森）
(8) 制度をサッシンする。（愛媛）
(9) 彼《かれ》はハクシキでなんでも知っている。（神奈川県立横須賀高）
(10) 台風がメイソウを続けている。（都立白鷗高）
(11) 木の太いミキに両手を回してみる。（宮城）
(12) 感動でムネがいっぱいになる。（長野）
(13) 注文をウケタマワる。（都立立川高）
(14) 畑の雑草を取りノゾく。（福島）

(7)	(10)	(13)
(8)	(11)	(14)
(9)	(12)	(15)

(15) 川にソって歩く。（富山）

(1)	(4)	(7)	(10)	(13)
(2)	(5)	(8)	(11)	(14)
(3)	(6)	(9)	(12)	(15)

3

――線部(1)～(5)と同じ漢字を使うものを次の中からそれぞれ選び、記号で答えなさい。（東京・拓殖大第一高）〈2点×5〉

(1) 包ソウ
ア 郵ソウ　イ 思ソウ　ウ 形ソウ　エ ソウ大　オ ソウ置

(2) 交ショウ
ア 了ショウ　イ ショウ談　ウ 訴ショウ　エ ショウ言　オ 干ショウ

(3) ヨ談
ア 贈ヨ　イ ヨ露　ウ ヨ算　エ 剰ヨ　オ 栄ヨ

(4) チュウ象
ア チュウ釈　イ チュウ誠　ウ 命チュウ　エ 円チュウ　オ チュウ出

(5) ニン意
ア 確ニン　イ 新ニン　ウ ニン婦　エ 住ニン　オ ニン耐

(1)	(2)	(3)	(4)	(5)

4

次の(1)～(3)の四字熟語の組は互《たが》いに類義語、(4)・(5)は互いに対義語となっている。空欄《くうらん》を補い四字熟語を完成させなさい。（東京・明治大付中野高）〈3点×5〉

(1) 前代未聞―空□絶□　(2) 一石二鳥―一□両□
(3) 昼夜兼行―不□不□　(4) 前途洋々―前途□□
(5) 小心翼々―大胆□□

(1)	(2)	(3)	(4)	(5)

5

次のそれぞれの設問に答えなさい。（神奈川・東海大付相模高）〈3点×5〉

問一　(1)・(2)それぞれについて、――線部の漢字のうち「偏《へん》」の異なるものを一つずつ選んで、記号で答えなさい。

(1) ア グウ然　イ 同ハン　ウ チツ序　エ 探テイ
(2) ア ヒ災　イ 余ユウ　ウ フク写　エ ホ手

問二　(3)～(5)の慣用句と四字熟語の□には色を示す語が入る。□に入るべき色を一つずつ選んで、記号で答えなさい。

(3) □山の人だかり　(4) 青天□日
(5) 朱《しゅ》に交われば□くなる

ア 赤　イ 青　ウ 黄　エ 緑　オ 白
カ 紫《むらさき》　キ 黒

(1)	(2)	(3)	(4)	(5)

高校入試対策

第3回 模擬テスト

◎制限時間30分　◎合格点80点　▼答え 別冊p.22

点

1 ――線部の漢字の読み方を答えなさい。〈2点×15〉

(1) 経緯を説明する。（富山）
(2) 図書館で資料を閲覧する。（千葉）
(3) 友人と頻繁に連絡《れんらく》をとりあう。（都立新宿高）
(4) 私は安穏とした生活にあこがれた。（都立西高）
(5) 人生の岐路に立つ。（都立国分寺高）
(6) 両者の意見を折衷する。（埼玉）
(7) バスの車窓から雪をいただく山々を望む。（東京）
(8) 作品の巧拙を論じる。（神奈川県立光陵高）
(9) 彼《かれ》は平衡感覚にすぐれている。（鹿児島）
(10) 外国との借款について協議する。（都立両国高）
(11) 道幅《みちはば》が狭まる。（栃木）
(12) 学問を究める。（愛媛）
(13) 木々の緑が鮮やかだ。（宮城）
(14) 布の破れを繕う。（宮崎）
(15) 仕事が終わった後の憩いの時間。（都立武蔵高）

(1)	(2)	(3)

(4)	(5)	(6)

2 ――線部のカタカナを漢字に直しなさい。〈2点×15〉

(1) ジュンパクのドレスを着る。（長野）
(2) 駐車場《ちゅうしゃじょう》のチンタイ契約《けいやく》を結ぶ。（埼玉）
(3) 結婚式《けっこんしき》にショウタイされる。（高知）
(4) 災害からフッコウした。（都立白鷗高）
(5) キンベンな生徒。（栃木）
(6) シュウジン監視《かんし》の中で開票を行う。（都立戸山高）
(7) 全国大会出場のロウホウに沸《わ》く。（熊本）
(8) 高原をサンサクする。（福井）
(9) 病状がカイホウに向かい安心した。（神奈川県立横須賀高）
(10) 彼のコウケツな人格は、私の目標だ。（都立八王子東高）
(11) 沿道の人々がハタを振《ふ》って応援《おうえん》する。（青森）
(12) 美しい琴《こと》のシラベが聴衆《ちょうしゅう》を魅了《みりょう》する。（東京）
(13) 健康な生活をイトナむ。（山梨）
(14) 晴れた日に畑をタガヤす。（福島）

(7)	(8)	(9)

(10)	(11)	(12)

(13)	(14)	(15)

⒂ 子どもをスコやかに育てる。（都立国立高）

⑴	⑵	⑶
⑷	⑸	⑹
⑺	⑻	⑼
⑽	⑾	⑿
⒀	⒁	⒂

3

次の⑴～⑸と同じ組み立ての熟語をそれぞれ選び、記号で答えなさい。〈2点×5〉

⑴ 読書　ア 低温　イ 寒暖　ウ 避難《ひなん》　エ 推薦《すいせん》　（北海道・改）

⑵ 未完　ア 就職　イ 非常　ウ 仮定　エ 往復　（香川）

⑶ 地面　ア 頭上　イ 開演　ウ 伸縮《しんしゅく》　エ 増加　（新潟）

⑷ 存在　ア 日没《にちぼつ》　イ 計測　ウ 未来　エ 往復　（山形）

⑸ 哀歓《あいかん》　ア 再会　イ 地震《じしん》　ウ 着席　エ 善悪　（都立立川高・改）

⑴	⑵	⑶	⑷	⑸

4

次の⑴～⑽のことわざ・慣用句と同じ意味の語をあとの語群から選び、記号で答えなさい。（東京・堀越高）〈2点×10〉

⑴ 鬼《おに》に金棒　⑵ 鼻が高い

⑶ 猫《ねこ》の手も借りたい　⑷ 寝耳《ねみみ》に水

⑸ 棚から牡丹餅《ぼたもち》　⑹ 石の上にも三年

⑺ うどの大木　⑻ 転ばぬ先の杖《つえ》

⑼ うつつを抜《ぬ》かす　⑽ くぎをさす

〔語群〕

ア 幸運　イ 多忙《たぼう》　ウ 無用　エ 用心　オ 無敵

カ 夢中　キ 忠告　ク 得意　ケ 忍耐《にんたい》　コ 不意

⑴	⑵	⑶	⑷	⑸
⑹	⑺	⑻	⑼	⑽

5

次の文章の――線部⑴～⑸の四字熟語を、後の語群にある文字を組み合わせて完成させなさい。ただし、ひらがなの部分は漢字に直しなさい。（東京・明治大付中野高）〈2点×5〉

この一年は⑴□□未□の不景気で、中小企業《きぎょう》はどこも経営が苦しく、⑵□息□息の状態である。各企業とも、社員一丸となって、⑶□骨□□しながら、夜を日に継《つ》いで働き続けてきたが、経営状態はなかなか好転しなかった。各経営者ともここが、⑷□急存□のときであると考え、今後のことを⑸□□模索しているようだ。

〔語群〕　さい・ぼう・あん・身・中・青・ふん・き・もん・代・吐・前

⑴	⑵	⑶
⑷	⑸	

②

□ 編集協力　㈱プラウ21（片野真衣）　大木富紀子

□ 本文デザイン　小川純（オガワデザイン）　南彩乃（細山田デザイン事務所）

シグマベスト

実力アップ問題集
中学漢字・語句

編　者　文英堂編集部

発行者　益井英郎

印刷所　中村印刷株式会社

発行所　株式会社文英堂
〒601-8121　京都市南区上鳥羽大物町28
〒162-0832　東京都新宿区岩戸町17
（代表）03-3269-4231

●落丁・乱丁はおとりかえします。

ΣBEST シグマベスト

実力アップ問題集

EXERCISE BOOK | JAPANESE

解答・解説

中学 漢字・語句

文英堂

1章 漢字・語句知識

❶ 漢字の組み立て

p.11 基礎問題の答え

1 (1)イ (2)ア (3)エ (4)ウ

2 (1)建 (2)背 (3)良

3 (1)こざとへん (2)ぎょうがまえ (3)おおがい (4)がんだれ (5)はつがしら (6)にくづき

4 (1)にんべん (2)のぎへん (3)まだれ (4)くにがまえ (5)おおざと

解説 それぞれできる漢字を示す。
(1)仏 信 体 他 代 (2)科 移 秋 秘 程 (3)広 庁 序 店 庭 (4)因 団 国 固 圏 (5)郊 郡 都 邪 部

p.12〜13 実力アップ問題の答え

1 (1)息 (2)理 (3)張 (4)員(唄) (5)城 (6)射 (7)晴 (8)相 (9)鉄 (10)駅

2 (1)圣 (2)交 (3)复 (4)㑒 (5)啇

3 (1)a 付 b 广 (2)a 郷 b 音 (3)a 却 b 月 (4)a 井 b 囗 (5)a 相 b ⻗ (6)a 原 b 氵 (7)a 少 b 目 (8)a 皮 b 疒 (9)a 量 b 米 (10)a 章 b 阝

4 (1)忄 (2)言 (3)糸 (4)頁 (5)攵 (6)艹 (7)辶 (8)皿 (9)疒 (10)門

5 (1)剣 (2)迫 (3)富 (4)庫 (5)烈

6 (1)植物 (2)敏感 (3)経路 (4)証拠 (5)法則

7 (1)通過 (2)創刊 (3)談話 (4)冷凍 (5)賃貸

解説
2 それぞれできる漢字を示す。
(1)径 経 軽 (2)校 郊 効 (3)複 腹 復 (4)剣 験 検 (5)敵 滴 摘

4 それぞれできる漢字を示す。
(1)慣 性 怖 悔 惜 (2)諸 証 調 読 誌 (3)給 績 終 紙 紀 (4)順 額 領 願 預 (5)故 救 政 放 攻 (6)草 薬 花 菜 荷 (7)近 辺 返 速 運 (8)盆 盛 盗 盟 盤 (9)疲 病 疾 痘 症 (10)間 閣 閑 閥 閲

❷ 漢字の音と訓

p.17 基礎問題の答え

1
(1) C (2) A (3) C (4) B (5) A
(6) B (7) C (8) B (9) A (10) A

解説 それぞれの音・訓を示す。
(1) 狩＝シュ・か(る)・か(り) (2) 劇＝ゲキ
(3) 珍＝チン・めずら(しい) (4) 滝＝たき
(5) 百＝ヒャク (6) 箱＝はこ
(7) 目＝モク・ボク・め・ま (8) 皿＝さら
(9) 僕＝ボク (10) 絵＝カイ・エ

2
(1) う・ゆう (2) げつ・がつ (3) し・す
(4) じ・し (5) とう・ず (6) はく・ひょう

3
(1) うお・さかな
(2) さか(える)・は(え・える)
(3) おと・ね
(4) ただ(ちに)・なお(る・す)
(5) そな(える)・とも
(6) さいわ(い)・さち・しあわ(せ)

p.18〜19 実力アップ問題の答え

1
(1) ちょう (2) けい (3) じん (4) げい
(5) にん

2
(1) ほが(らか) (2) やぶ(れる) (3) お(す)
(4) いただ(く) (5) すこ(やか)

3
(1) きけん・けわ(しい) (2) さいばん・さば(く)
(3) げきれい・はげ(しい) (4) ちんもく・だま(る)
(5) たんきゅう・さが(す)

4
(1) a こ b きょ (2) a と b つ
(3) a じ b に (4) a じゅう b ちょう
(5) a さい b せつ (6) a む b ぶ
(7) a みょう b めい (8) a さく b さ

5
(1) 元 (2) 化 (3) 漁 (4) 子 (5) 省
(6) 平

6
(1) しきし・いろがみ (2) じんじ・ひとごと
(3) けんぶつ・みもの (4) ちゅうにち・なかび
(5) しょしゅん・はつはる （それぞれ順不同）

7
(1) A (2) B (3) B (4) B (5) B
(6) A (7) A (8) B

解説
4 それぞれの熟語の読みを示す。
(1) a しょうこ b こんきょ (2) a とかい b つごう
(3) a じどう b しょうに
(4) a じゅうよう b ちょうほう

(5) a いっさい b たいせつ　(6) a むしゃ b ぶし
(7) a こうみょう b せんめい
(8) a さくせん b さよう

5 それぞれ完成する熟語を示す。
(1) 元祖・元気・元日・元素　(2) 文化・化粧・化学・道化
(3) 大漁・漁業・漁師・漁船　(4) 菓子・調子・子孫・扇子
(5) 反省・省略・省力・帰省　(6) 公平・平等・平常・不平

7 それぞれの読みを示す（カタカナは音読み、ひらがなは訓読み）。
(1) バンぐみ　(2) ゆうカン　(3) さしズ　(4) やゴウ
(5) やチン　(6) マクうち　(7) エふで　(8) ひとジチ

❸ 同音異字・同訓異字

p.23 基礎問題の答え

1 (1) イ　(2) ア　(3) ウ　(4) ウ

解説 それぞれの熟語を示す。
(1) ア 衛星　イ 宿営　ウ 繁栄
(2) ア 観衆　イ 習熟　ウ 就職
(3) ア 想像　イ 総意　ウ 創意
(4) ア 対比　イ 消費　ウ 批評

2 (1) イ　(2) ウ　(3) ア　(4) イ

解説 それぞれの漢字を示す。
(1) ア 開　イ 明　ウ 空　(2) ア 替　イ 変　ウ 代
(3) ア 写　イ 移　ウ 映　(4) ア 差　イ 指　ウ 刺

p.24～25 実力アップ問題の答え

1 (1) a 委 b 衣 c 囲 d 位
(2) a 刊 b 巻 c 完 d 間
(3) a 協 b 境 c 強 d 共
(4) a 傷 b 紹 c 障 d 証

2 (1) a 鳴 b 泣　(2) a 治 b 直
(3) a 泊 b 止　(4) a 冷 b 覚
(5) a 勤 b 努　(6) a 破 b 敗
(7) a 建 b 立　(8) a 締 b 閉

3 (1) 温暖　(2) 下降（降下）　(3) 上昇　(4) 早速
(5) 測量（計測）　(6) 代替　(7) 映写
(8) 断絶（断裁・裁断）　(9) 打撃　(10) 勤務

4 (1) ア　(2) イ　(3) ウ　(4) イ　(5) イ
(6) ア　(7) ウ　(8) ウ

❹ 漢語の組み立て

p.29 基礎問題の答え

1 (1) ウ (2) オ (3) イ (4) ア (5) エ

2 (1) a 加(進) b 久(遠) c 同(平)
(2) a 暗(滅) b 善(好) c 少(寡)

3 (1) ウ (2) イ (3) ア (4) ア (5) イ (6) ウ

解説 それぞれの熟語の組み立てを示す。
(1) 手を握る(下が対象) (2) 雷《かみなり》が鳴る(主・述)
(3) 親しい友(修飾《しゅうしょく》・被修飾《ひしゅうしょく》) (4) 石の器(修飾・被修飾)
(5) 国が営む(主・述) (6) 陸に着く(下が対象)
ア 好きな物(修飾・被修飾) イ 腹が痛い(主・述)
ウ 罪を犯《おか》す(下が対象)

4 (1) 未 (2) 非 (3) 不 (4) 無

p.30～31 実力アップ問題の答え

1 (1) カ (2) エ (3) イ (4) ウ (5) ア (6) オ (7) ウ (8) ア (9) イ (10) ウ (11) エ (12) カ (13) キ (14) オ

2 (1) A (2) B (3) A (4) A (5) B (6) B (7) B (8) A (9) B (10) A

3 (1) 金貨・晩秋 (2) 借金・増税 (3) 雷鳴・国選 (4) 学割・特急 (5) 消息・外遊

4 (1) エ (2) イ (3) ウ (4) ア (5) エ (6) ウ (7) エ

5 (1) 不足 (2) 未開 (3) 無欲 (4) 不穏 (5) 未了 (6) 否認 (7) 非番 (8) 無料

6 (1) 変化 (2) 病的 (3) 習性 (4) 静的 (5) 必然 (6) 進化 (7) 野性 (8) 整然

解説 **4** それぞれの熟語の組み立てを示す。
(1) 打つと撃《う》つ(似た意味) (2) 書を読む(下が対象)
(3) 接頭語「無」 (4) 日が没《ぼっ》する(主・述)
(5) 外の世界(修飾・被修飾) (6) 接尾語《せつびご》「性」
(7) 得ると失う(対《つい》の意味)

❺ 類義語・対義語

p.35 基礎問題の答え

1 (1) ク (2) ウ (3) オ (4) イ (5) ケ (6) コ (7) ア (8) カ (9) キ (10) エ

2 (1) カ (2) オ (3) キ (4) エ (5) ア (6) コ

(7) ケ　(8) イ　(9) ウ　(10) ク

3
(1) イ　(2) ア　(3) ア　(4) イ　(5) イ

p.36～37 実力アップ問題の答え

1
(1) コ　(2) イ　(3) ケ　(4) オ　(5) エ
(6) ク　(7) ア　(8) カ　(9) キ　(10) ウ

2
(1) 昨年　(2) 未来　(3) 自然　(4) 凶作　(5) 拒否
(6) 手段（方策）　(7) 活用（使用）　(8) 努力
(9) 賛成　(10) 志望（希望）

3
(1) イ　(2) オ　(3) ア　(4) ウ　(5) エ

4
(1) オ　(2) ア　(3) ウ　(4) ク　(5) ケ
(6) イ　(7) キ　(8) カ　(9) コ　(10) エ

5
(1) 最後　(2) 空腹　(3) 長所　(4) 複雑
(5) 困難　(6) 直接　(7) 出発　(8) 否決
(9) 義務　(10) 消費

6
(1) 優劣　(2) 授受　(3) 禍福　(4) 慶弔
(5) 盛衰　(6) 濃淡　(7) 緩急　(8) 真偽
(9) 往復（往来）　(10) 屈伸（伸縮）

6 同音異義語・多義語

p.41 基礎問題の答え

1
(1) イ　(2) ア　(3) イ　(4) イ　(5) ア　(6) イ
(7) ア　(8) ア

解説

(1)「以外」は「範囲《はんい》の外」、「意外」は「思いのほか」。
(2)「回答」は「質問や要求にこたえること」、「解答」は「問題を解いて答えること」。
(3)「観賞」は「自然や草花などを見て楽しむこと」、「鑑賞《かんしょう》」は「芸術作品などに接し味わうこと」。
(4)「極地」は「はてにある地域。北極や南極」、「局地」は「一部の地域」。
(5)「解放」は「ときはなして自由にすること」、「開放」は「門などをあけはなすこと」。
(6)「収拾」は「混乱した物事をとりまとめること」、「収集」は「集めること」。
(7)「対称《たいしょう》」は「対応して釣《つ》り合っていること」、「対象」は「目標や相手となるもの」。
(8)「課程」は「一定期間になす学習や作業の範囲」、「過程」は「経過の道筋」。

2
(1) エ　(2) イ　(3) ア　(4) カ　(5) オ　(6) ウ

p.42〜43 実力アップ問題の答え

1
(1) a ウ　b ア　c イ
(2) a イ　b ア　c ウ
(3) a イ　b ア　c ウ
(4) a イ　b ウ　c ア
(5) a ウ　b ア　c イ

2
(1) 意思　(2) 器械　(3) 見当　(4) 衆知　(5) 体勢
(6) 有終　(7) 絶対　(8) 必至　(9) 並行　(10) 厚意

3
(1) コ　(2) イ　(3) エ　(4) ア　(5) ウ
(6) カ　(7) ク　(8) ケ　(9) オ　(10) キ

⑦ 三字熟語・四字熟語

p.47 基礎問題の答え

1
(1) キ　(2) イ　(3) オ　(4) ク　(5) ア　(6) ウ
(7) エ　(8) カ

2
(1) ア　(2) イ　(3) エ

3
(1) ク　(2) ア　(3) ウ　(4) キ　(5) イ　(6) オ
(7) エ　(8) カ

4
(1) こはるびより　(2) いっちょういっせき
(3) いくどうおん　(4) がでんいんすい
(5) きょうみしんしん

p.48〜49 実力アップ問題の答え

1
(1) イ　(2) イ　(3) ア　(4) イ　(5) ア
(6) イ　(7) イ　(8) ア　(9) イ　(10) ア

2
(1) 不適当　(2) 未発達　(3) 無認可（不認可）
(4) 不確実　(5) 不可能　(6) 未体験　(7) 無意味
(8) 未開拓　(9) 無理解（不理解）　(10) 不透明

3
(1) 過渡期　(2) 急角度　(3) 来賓席　(4) 非公式
(5) 重要視　(6) 不完全

4
日進月歩・一致団結・不言実行・前代未聞・
異口同音・清廉潔白・有名無実・春夏秋冬・
二者択一・粉骨砕身

5
(1) 髪　(2) 竜　(3) 体　(4) 深　(5) 全
(6) 馬　(7) 承　(8) 一　(9) 敵　(10) 霧
(11) 言　(12) 空

6
(1) 生半可　(2) 試金石　(3) 開口一番
(4) 四苦八苦　(5) 本末転倒

8 慣用句・ことわざ・故事成語

p.53 基礎問題の答え

1 (1) エ (2) ウ (3) ア (4) オ (5) イ (6) カ

2 (1) イ (2) カ (3) ア (4) エ (5) オ (6) ウ

3 漁夫(父)の利

p.54～55 実力アップ問題の答え

1 (1) ク (2) サ (3) ケ (4) イ (5) コ (6) カ (7) シ (8) ア (9) ウ (10) エ (11) オ (12) キ

2 (1) イ (2) ア (3) オ (4) エ (5) ウ

3 (1) 虫 (2) 馬 (3) すずめ (4) 竹 (5) 青葉 (6) お茶 (7) 水 (8) 祭り (9) 棒 (10) かぶと

4 (1) オ (2) カ (3) ク (4) イ (5) ウ (6) エ (7) キ (8) ア

5 (1) ウ (2) エ (3) イ (4) ア (5) オ

9 読み書きに注意する漢字

p.59 基礎問題の答え

1 (1) 志 (2) 育む (3) 携え (4) 源 (5) 脂 (6) 謹ん

2 (1) さみだれ (2) しばふ (3) ふぶき (4) うなばら (5) もめん (6) つゆ (7) みやげ

3 (1) はんのう (2) こんだて (3) けいだい (4) かっせん (5) しょうじん (6) こんじゃく (7) いっさい (8) たづな (9) しらかべ (10) とんや

p.60～61 実力アップ問題の答え

1 (1) a きょく b ごく c きわ
(2) a さい b さば c た
(3) a せい b も c さか
(4) a しょう b きず c いた
(5) a ほ b ぶ c ある d あゆ
(6) a きょう b ごう c つよ d し

2 (1) たくわえる (2) さまたげる (3) かたまり (4) いましめる (5) たまわる

3 (1) はかる (2) くちる (3) うけたまわる

(4) うながす (5) つくろう

4

(1) a か b け
(2) a じ b し
(3) a じゅう b にゅう
(4) a えん b その
(5) a さ b ちゃ
(6) a じゃ b だ
(7) a じん b かん
(8) a ばく b ぼう
(9) a みょう b めい
(10) a がん b まなこ

5

(1) むないた (2) いなほ (3) かのじょ
(4) あまあし (5) きりさめ (6) みょうじょう
(7) さっそく (8) でし (9) だいり
(10) ほったん

6

(1) きのう(さくじつ) (2) けさ
(3) じょうず(うわて・かみて) (4) ぞうり
(5) たび (6) むすこ (7) めがね (8) やまと
(9) ゆくえ (10) おとな(たいじん・だいにん)

2章 漢字マスター

必修問題 初級の漢字① の答え

p.64～65

1

(1) いっかん (2) えいきょう (3) お (4) くわ
(5) じょうぶ (6) おそ (7) びせいぶつ (8) の
(9) みなさま (10) ようち (11) す (12) たよ
(13) ゆか (14) かんき (15) か (16) あ
(17) むじゅん (18) たが (19) いはん
(20) ほしょう (21) ふ (22) う (23) ぜつみょう
(24) こし (25) は

2

(1) 環境 (2) 影響 (3) 押 (4) 詳細 (5) 背丈
(6) 恐縮 (7) 微量 (8) 伸縮 (9) 皆勤 (10) 稚魚
(11) 透明 (12) 信頼 (13) 起床 (14) 交換 (15) 駆使
(16) 宛 (17) 矛盾 (18) 相互 (19) 違 (20) 弁償
(21) 不振 (22) 浮上 (23) 微妙 (24) 中腰 (25) 履歴書

必修問題 初級の漢字② の答え

p.66～67

1

(1) くっせつ (2) さと (3) あた (4) めずら
(5) とちゅう (6) かがや (7) さいげつ (8) ひい
(9) うで (10) となり (11) ちんちゃく
(12) かんしょう (13) しょうかい (14) こうてん
(15) あっとうてき (16) びょうしゃ
(17) じょうきょう (18) はし (19) しの (20) ねむ
(21) あくりょく (22) ふ (23) とうわく (24) あざ
(25) は

2

(1) 屈伸 (2) 覚悟 (3) 関与 (4) 珍品 (5) 用途
(6) 輝 (7) 歳末 (8) 優秀 (9) 腕力 (10) 近隣
(11) 沈 (12) 鑑定 (13) 紹介 (14) 荒 (15) 倒幕
(16) 描 (17) 実況 (18) 極端 (19) 忍者 (20) 冬眠
(21) 握 (22) 接触 (23) 惑星 (24) 新鮮 (25) 恥知

必修問題 初級の漢字③ の答え

p.68～69

1

(1) むか (2) すいとう (3) くらやみ (4) こ
(5) はな (6) よご (7) か (8) さくじょ
(9) ちこく (10) ちょうしゅう (11) とらい (12) に
(13) つ (14) とうなん (15) つ (16) さけ
(17) せいそう (18) せんばつ (19) もはん
(20) かんき (21) ぼうけん (22) けねん
(23) つうれつ (24) ゆうが (25) の

2

(1) 送迎 (2) 筒 (3) 闇夜 (4) 込 (5) 離陸
(6) 汚染 (7) 掛 (8) 削 (9) 遅 (10) 徴兵
(11) 渡 (12) 逃亡 (13) 継続 (14) 盗 (15) 突然
(16) 絶叫 (17) 掃除 (18) 抜 (19) 範囲 (20) 歓迎
(21) 感冒 (22) 懸命 (23) 強烈 (24) 雅号 (25) 満載

p.70～71 必修問題初級の漢字④の答え

1

(1) こうもく (2) かた (3) ほろ (4) せま
(5) せんたく (6) だれ (7) ななくせ (8) しか
(9) えん (10) しゅんかん (11) のぼ (12) つめ
(13) きょてん (14) ね (15) ようえき (16) おくゆ
(17) しばふ (18) ふつう (19) きょだい (20) もど
(21) はけん (22) さ (23) そまつ (24) ひょうし
(25) つか

2

(1) 要項 (2) 堅固 (3) 滅亡 (4) 狭義 (5) 択一
(6) 誰 (7) 口癖 (8) 叱責 (9) 縁起 (10) 一瞬
(11) 昇格 (12) 爪先 (13) 根拠 (14) 寝室 (15) 溶
(16) 奥歯 (17) 芝居 (18) 普段 (19) 巨額 (20) 後戻
(21) 遺 (22) 刺激 (23) 粗 (24) 心拍数 (25) 疲労

p.72～73 必修問題初級の漢字⑤の答え

1

(1) なな (2) か (3) たび (4) じばん
(5) はば (6) そうどう (7) もよお (8) かく
(9) いっしょ (10) あつか (11) こ (12) ひま
(13) ふ (14) ひかく (15) はげ (16) ふごう
(17) さきゅう (18) せきひ (19) はず (20) ほ
(21) ようせい (22) まいぞう (23) じょこう
(24) ちょうしゅう (25) ばっ

2

(1) 斜面 (2) 着替 (3) 手袋 (4) 序盤 (5) 全幅
(6) 騒 (7) 開催 (8) 隠居 (9) 端緒 (10) 扱
(11) 優越感 (12) 休暇 (13) 踏破 (14) 比較的 (15) 激励
(16) 切符 (17) 丘 (18) 記念碑 (19) 弾丸 (20) 彫刻
(21) 請求 (22) 埋 (23) 徐徐(徐々) (24) 静聴
(25) 罰則

p.74～75 必修問題初級の漢字⑥の答え

1

(1) おどろ (2) いらい (3) あいさつ (4) は
(5) まほう (6) みつばち (7) あわ (8) しんぱん
(9) すいぼくが (10) はち (11) きら (12) こわ
(13) おうしゅう (14) つくろ (15) ちょうぼう
(16) のど (17) おと (18) たさい (19) こうたく
(20) けいたい (21) かんらく (22) たず (23) ひざ
(24) し (25) しげ

2

(1) 驚異 (2) 依存 (3) 挨拶 (4) 貼付 (5) 魔
(6) 蜂蜜 (7) 恐慌 (8) 不審 (9) 墨 (10) 鉢巻
(11) 機嫌 (12) 破壊 (13) 欧米 (14) 修繕 (15) 眺
(16) 喉元 (17) 劣等感 (18) 色彩 (19) 沢 (20) 連携
(21) 陥 (22) 尋問 (23) 膝頭 (24) 屋敷 (25) 茂

p.76～77 必修問題初級の漢字⑦の答え

1
(1) かんよう (2) こうげき (3) けいこう
(4) そうがんきょう (5) と (6) か (7) くわだ
(8) およ (9) かたぐるま (10) ふ (11) ぬ
(12) まさつ (13) わん (14) しめ (15) そかい
(16) おこ (17) ふうとう (18) すず (19) ふんそう
(20) いじんでん (21) いっぱん (22) す
(23) りょうかい (24) やわ (25) けんめい

2
(1) 肝試 (2) 攻撃力 (3) 傾 (4) 双子 (5) 外泊
(6) 刈 (7) 企画 (8) 追及 (9) 双肩 (10) 吹奏楽
(11) 脱出 (12) 摩擦 (13) 湾岸 (14) 湿度 (15) 疎遠
(16) 激怒 (17) 封建 (18) 清涼 (19) 紛失 (20) 偉
(21) 諸般 (22) 澄 (23) 完了 (24) 優柔 (25) 賢

p.78～79 必修問題初級の漢字⑧の答え

1
(1) いど (2) はいき (3) するど (4) ちょうえつ
(5) たな (6) せま (7) しょみん (8) まぼろし
(9) はくじょう (10) めんじょ (11) なめ (12) あせ
(13) おさ (14) えんりょ (15) いりょく
(16) つなわた (17) どろ (18) てんか (19) にぶ
(20) ま (21) そくせき (22) ていこう
(23) やくどし (24) ぶんれつ (25) しゅうかく

2
(1) 挑戦 (2) 排除 (3) 気鋭 (4) 超音波 (5) 神棚
(6) 迫力 (7) 庶民 (8) 幻想 (9) 薄 (10) 免許
(11) 滑降 (12) 発汗 (13) 抑制 (14) 思慮 (15) 威厳
(16) 手綱 (17) 雲泥 (18) 添 (19) 鈍感 (20) 舞台
(21) 即興 (22) 抵抗 (23) 災厄 (24) 裂 (25) 収穫期

p.80～81 必修問題初級の漢字⑨の答え

1
(1) くき (2) か (3) さっちゅうざい (4) あわ
(5) めぐ (6) なぞ (7) ゆる (8) か (9) ゆ
(10) だま (11) どうたい (12) けむり (13) ふ
(14) なげ (15) みりょくてき (16) じく (17) は
(18) ぶんせき (19) かつやく (20) つか (21) さび
(22) ちりょうほう (23) あぶら (24) なや
(25) ばくはつ

2
(1) 地下茎 (2) 架空 (3) 薬剤師 (4) 水泡 (5) 恩恵
(6) 謎 (7) 緩急 (8) 兼任 (9) 動揺 (10) 沈黙
(11) 胴上 (12) 煙幕 (13) 降伏 (14) 感嘆 (15) 魅惑
(16) 軸足 (17) 縄跳 (18) 分析 (19) 躍動 (20) 捕手
(21) 寂 (22) 療養 (23) 樹脂 (24) 苦悩 (25) 爆弾

p.82〜83 必修問題 初級の漢字⑩の答え

1

(1) あま (2) おど (3) ほ (4) し (5) いくど
(6) おお (7) のき (8) けんそん (9) かもん
(10) くも (11) ていねい (12) もう (13) はだざむ
(14) かくとく (15) かんめい (16) ほんやく
(17) げんまい (18) じんち (19) いき (20) ふた
(21) こうがい (22) そで (23) かぎ (24) こっけい
(25) こうしょう

2

(1) 甘味 (2) 舞踊 (3) 発掘 (4) 締結 (5) 幾何学
(6) 覆面 (7) 軒 (8) 謙遜 (9) 波紋 (10) 曇天
(11) 安寧 (12) 初詣 (13) 肌着 (14) 捕獲 (15) 銘記
(16) 翻意 (17) 玄関 (18) 陣頭 (19) 純粋 (20) 頭蓋骨
(21) 近郊 (22) 半袖 (23) 鍵盤 (24) 稽古 (25) 干渉

p.84〜85 必修問題 中級の漢字①の答え

1

(1) へんきゃく (2) おど (3) かみがた (4) にご
(5) ゆかい (6) じゅうじつ (7) お
(8) ちゅうしょうてき (9) かんとく (10) ふくし
(11) かわら (12) すき (13) くず (14) さそ
(15) ちょうじゅ (16) うんぱん (17) えいびん
(18) ほのお (19) こぶね (20) から (21) ふる
(22) そし (23) こわ (24) かか (25) は

2

(1) 却下 (2) 脅迫 (3) 散髪 (4) 濁流 (5) 不愉快
(6) 充血 (7) 惜敗 (8) 抽出 (9) 監督 (10) 福祉
(11) 瓦 (12) 隙間 (13) 崩壊 (14) 誘惑 (15) 寿命
(16) 搬入 (17) 敏感 (18) 炎天下 (19) 丸木舟 (20) 辛勝
(21) 大地震 (22) 阻害 (23) 恐怖 (24) 抱 (25) 吐息

p.86〜87 必修問題 中級の漢字②の答え

1

(1) かた (2) こうむ (3) こば (4) じまん
(5) ねば (6) じょうだん (7) つの (8) こうおつ
(9) かざ (10) さんがく (11) ほ (12) さと
(13) きょうごう (14) にお (15) うば (16) と
(17) けんない (18) ばんそう (19) がんこ
(20) えんぴつ (21) ぼん (22) なみだ (23) えさ
(24) し (25) そうだい

2

(1) 硬貨 (2) 被害 (3) 拒否 (4) 慢性 (5) 粘着
(6) 冗長 (7) 応募 (8) 甲乙 (9) 装飾 (10) 岳
(11) 穂先 (12) 教諭 (13) 豪快 (14) 匂 (15) 奪回
(16) 撮影 (17) 大気圏 (18) 伴 (19) 頑丈 (20) 鉛色
(21) 盆地 (22) 感涙 (23) 餌食 (24) 占拠 (25) 壮行会

p.88〜89 必修問題中級の漢字③の答え

1

(1) ていせい (2) いまし (3) く (4) せいぎょ
(5) もち (6) おそ (7) あと (8) ほこ
(9) しゅみ (10) とう (11) かんぶ (12) つうしょう
(13) せいふく (14) かか (15) あわ (16) すで
(17) いんき (18) あお (19) きけん (20) みにく
(21) けしょう (22) すす (23) きょえいしん
(24) さいばい (25) ゆず

2

(1) 改訂 (2) 戒律 (3) 繰 (4) 御所 (5) 餅
(6) 畏敬 (7) 遺跡 (8) 誇大 (9) 趣 (10) 管制塔
(11) 患者 (12) 愛称 (13) 遠征隊 (14) 掲示 (15) 淡水魚
(16) 既成 (17) 陰影 (18) 信仰 (19) 廃棄 (20) 醜聞
(21) 化粧 (22) 推薦 (23) 虚構 (24) 栽培 (25) 譲渡

p.90〜91 必修問題中級の漢字④の答え

1

(1) あ (2) くる (3) しば (4) みぞ
(5) せんかい (6) どくぼう (7) けんきん
(8) じょうまえ (9) ほそく (10) ぬ (11) むさぼ
(12) か (13) かんそう (14) すいみん (15) しっと
(16) いん (17) さ (18) じごく (19) きょり
(20) きどう (21) かこん (22) きょうしゅう
(23) そぜい (24) もうれつ (25) せいめい

2

(1) 掲揚 (2) 熱狂 (3) 束縛 (4) 排水溝 (5) 旋風
(6) 房 (7) 献立 (8) 錠剤 (9) 捉 (10) 塗装
(11) 貪欲 (12) 嗅覚 (13) 乾燥 (14) 熟睡 (15) 嫉妬
(16) 余韻 (17) 避難 (18) 脱獄 (19) 距離 (20) 軌跡
(21) 戦禍 (22) 愁傷 (23) 租借 (24) 猛威 (25) 旧姓

p.92〜93 必修問題中級の漢字⑤の答え

1

(1) がいよう (2) おそ (3) つ (4) よゆう
(5) がくふ (6) ねんまく (7) へんぼう
(8) ぎせいしゃ (9) りょう (10) せき (11) ひくつ
(12) とくじつ (13) ふんがい (14) へんせん
(15) ぜん (16) かじゅう (17) しょくたく (18) お
(19) いの (20) つゆ (21) びちく (22) いしゅく
(23) きゅうけい (24) れんらく (25) しぼ

2

(1) 概念 (2) 襲撃 (3) 指摘 (4) 裕福 (5) 年譜
(6) 結膜炎 (7) 全貌 (8) 犠牲 (9) 密猟者 (10) 国籍
(11) 卑近 (12) 重篤 (13) 憤慨 (14) 左遷 (15) 配膳
(16) 汁 (17) 卓越 (18) 尾行 (19) 祈願 (20) 露骨
(21) 貯蓄 (22) 萎 (23) 憩 (24) 脈絡 (25) 絞殺

p.94～95 必修問題中級の漢字⑥の答え

1

(1) しん　(2) ねら　(3) おく　(4) いそが
(5) に　(6) まくら　(7) ごてん　(8) さまた
(9) えんかい　(10) かし　(11) ぬま　(12) かんゆう
(13) きゅう　(14) すみ　(15) た　(16) こよみ
(17) いっち　(18) あいまい　(19) えつらん　(20) こ
(21) も　(22) しっかん　(23) にじ　(24) こうかい
(25) ひとけた

2

(1) 芯　(2) 狙撃　(3) 寄贈　(4) 多忙　(5) 雑煮
(6) 腕枕　(7) 殿様　(8) 妨害　(9) 祝宴　(10) 和菓子
(11) 泥沼　(12) 勧　(13) 窮地　(14) 一隅　(15) 忍耐
(16) 西暦　(17) 極致　(18) 曖昧　(19) 閲読　(20) 焦点
(21) 遺漏　(22) 疾走　(23) 虹　(24) 悔　(25) 桁外

p.96～97 必修問題中級の漢字⑦の答え

1

(1) かせ　(2) こお　(3) かさ　(4) あみ
(5) つつし　(6) は　(7) りょうてい　(8) ひぼん
(9) なま　(10) はだか　(11) しもつき　(12) かんだい
(13) めぐ　(14) かいしゃく　(15) りんり
(16) からくさ　(17) かび　(18) へんかん
(19) こうしん　(20) しょうとつ　(21) にお
(22) すいこう　(23) おぼ　(24) しせつ
(25) りょうわき

2

(1) 稼　(2) 解凍　(3) 傘　(4) 鉄道網　(5) 慎重
(6) 刃物　(7) 亭主　(8) 凡人　(9) 怠慢　(10) 裸体
(11) 初霜　(12) 寛容　(13) 巡回　(14) 釈明　(15) 倫理
(16) 唐突　(17) 栄華　(18) 還元　(19) 今更　(20) 衝撃
(21) 消臭剤　(22) 未遂　(23) 溺愛　(24) 実施　(25) 脇

p.98～99 必修問題中級の漢字⑧の答え

1

(1) ふく　(2) よい　(3) だそく　(4) み
(5) いじ　(6) きば　(7) ぐうぜん　(8) こうい
(9) じゅよう　(10) つ　(11) ろうか　(12) まんが
(13) くさ　(14) かちく　(15) がっぺい　(16) あ
(17) おうぎ　(18) かいとうらん　(19) うるし
(20) むらさきいろ　(21) きそ　(22) ちつじょ
(23) らいめい　(24) みが　(25) ずいじ

2

(1) 膨張　(2) 宵　(3) 大蛇　(4) 診察　(5) 維新
(6) 象牙　(7) 偶数　(8) 作為　(9) 必需品　(10) 尽力
(11) 回廊　(12) 漫然　(13) 腐敗　(14) 畜産　(15) 併用
(16) 飽食　(17) 扇風機　(18) 欄外　(19) 漆黒　(20) 紫外線
(21) 礎石　(22) 秩序　(23) 雷　(24) 研磨　(25) 随筆

p.100～101 必修問題 中級の漢字⑨の答え

1
(1) きんちょう (2) けん (3) こめつぶ
(4) ださく (5) こ (6) はいし (7) ことばじり
(8) れいく (9) ひとみ (10) ぼうかん
(11) かじょう (12) ゆうぎ (13) わず
(14) えいたん (15) け (16) もうそう (17) しぶ
(18) ほお（ほほ） (19) ばいかい (20) め (21) おろ
(22) かじょう (23) こと (24) しんせき
(25) ほうし

2
(1) 緊迫 (2) 真剣 (3) 粒子 (4) 駄菓子 (5) 懲役
(6) 荒廃 (7) 尻尾 (8) 流麗 (9) 瞳 (10) 傍受
(11) 余剰 (12) 戯曲 (13) 僅少 (14) 朗詠 (15) 一蹴
(16) 妄動 (17) 渋滞 (18) 頬張 (19) 媒体 (20) 召集
(21) 卸売 (22) 箇所 (23) 木琴 (24) 親戚 (25) 奉行

p.102～103 必修問題 中級の漢字⑩の答え

1
(1) せんい (2) らいひん (3) ぼうし
(4) ねっちゅうしょう (5) れんぽう (6) ふもと
(7) ひっす (8) ふさい (9) ごい (10) くじら
(11) ふんきゅう (12) ようご (13) しょくたく
(14) ひんど (15) しゅし (16) がけ (17) けいが
(18) あざむ (19) えり (20) きょうじゅん
(21) あねったい (22) はろう (23) うら (24) がら
(25) い

2
(1) 繊細 (2) 国賓 (3) 帽子 (4) 症状
(5) 峰峰（峰々） (6) 山麓 (7) 必須 (8) 債権
(9) 語彙力 (10) 捕鯨 (11) 糾弾 (12) 抱擁 (13) 嘱託
(14) 頻発 (15) 要旨 (16) 断崖 (17) 慶祝 (18) 欺
(19) 襟 (20) 恭賀 (21) 亜流 (22) 浪費 (23) 痛恨
(24) 柄 (25) 煎餅

p.104～105 必修問題 上級の漢字①の答え

1
(1) ぬぐ (2) ちか (3) なぐさ (4) きっ
(5) さっかく (6) はんばい (7) わ (8) ぶつだん
(9) ほんぽう (10) か (11) しゅしょう (12) きかい
(13) とぼ (14) ひか (15) おか (16) とうげい
(17) かんじょう (18) けいりゅう (19) にく
(20) じょじょうてき (21) ひんぱん (22) うった
(23) みんよう (24) さいきん (25) じゅうなん

2
(1) 拭 (2) 誓約書 (3) 慰労 (4) 喫茶 (5) 交錯
(6) 販路 (7) 湧出 (8) 壇上 (9) 邦人 (10) 枯死
(11) 特殊 (12) 怪奇 (13) 貧乏 (14) 控 (15) 侵入
(16) 陶器 (17) 勘案 (18) 雪渓 (19) 愛憎 (20) 叙述
(21) 繁茂 (22) 起訴 (23) 童謡 (24) 殺菌 (25) 軟弱

p.106〜107 必修問題上級の漢字②の答え

1

(1) つ (2) うず (3) かたよ (4) じょうか
(5) こどく (6) だとう (7) たたか (8) つばさ
(9) そうしつ (10) ふく (11) こくふく (12) あさ
(13) わくぐ (14) けいい (15) ぜせい
(16) きゃくりょく (17) たく (18) ただよ
(19) とびら (20) ちゅうしゃじょう (21) くだ
(22) しゅんびん (23) けいばつ (24) ぎんみ
(25) さばく

2

(1) 詰 (2) 渦巻 (3) 偏見 (4) 洗浄 (5) 孤立
(6) 妥協 (7) 戦闘 (8) 一翼 (9) 喪 (10) 含有
(11) 克明 (12) 麻薬 (13) 枠内 (14) 北緯 (15) 是非
(16) 脚色 (17) 巧妙 (18) 漂流 (19) 自動扉 (20) 駐在
(21) 粉砕 (22) 俊足 (23) 刑事 (24) 吟味 (25) 漠然

p.108〜109 必修問題上級の漢字③の答え

1

(1) しょうれい (2) とむら (3) のうこう
(4) かわ (5) かんてい (6) おす (7) そち
(8) だいたん (9) はんざつ (10) あいとう
(11) ようしょく (12) こうきゅう (13) うなが
(14) めす (15) どうくつ (16) じゃま (17) ゆうかん
(18) ばっさい (19) けっさく (20) つば
(21) しんすい (22) ふうぞく (23) あきら
(24) びょうとう (25) おうしゅう

2

(1) 推奨 (2) 弔辞 (3) 濃 (4) 渇 (5) 大邸宅
(6) 雄弁 (7) 措置 (8) 落胆 (9) 煩 (10) 哀悼
(11) 繁殖 (12) 恒例 (13) 促成 (14) 雌雄 (15) 洞窟
(16) 邪道 (17) 果敢 (18) 征伐 (19) 傑出 (20) 唾液
(21) 浸 (22) 俗物 (23) 諦念 (24) 別棟 (25) 報酬

p.110〜111 必修問題上級の漢字④の答え

1

(1) おもてざた (2) あらし (3) ゆうごう
(4) かいそう (5) ごらく (6) ひさん
(7) ばいしょう (8) きおく (9) たいほ (10) きが
(11) かいぎ (12) しょうだく (13) てんぽ
(14) らんどく (15) かんぺき (16) こうそく
(17) けんちょ (18) がいかく (19) れんか
(20) そうぐう (21) かんき (22) あと
(23) つうしんぼ (24) あざけ (25) こうけん

2

(1) 音沙汰 (2) 嵐 (3) 融通 (4) 藻 (5) 娯楽
(6) 惨状 (7) 賠償 (8) 追憶 (9) 逮捕 (10) 飢餓
(11) 懐古 (12) 受諾 (13) 舗装 (14) 濫用（乱用） (15) 完璧
(16) 拘泥 (17) 顕微鏡 (18) 輪郭 (19) 清廉
(20) 遭 (21) 喚問 (22) 痕跡 (23) 家計簿 (24) 自嘲
(25) 貢献

p.112～113 必修問題上級の漢字⑤の答え

1

(1) どれい (2) うらや (3) じひ (4) ねんぽう
(5) ふっとう (6) さえぎ (7) ふへん
(8) あんたい (9) きゅうりょう (10) いっぴん
(11) おろ (12) いつわ (13) べっそう (14) たいほう
(15) ふんか (16) つ (17) さわ (18) こうてい
(19) きょうあく (20) がいとう (21) いっかん
(22) きり (23) へい (24) はさ (25) おとろ

2

(1) 奴隷 (2) 羨 (3) 慈善 (4) 俸給 (5) 沸騰
(6) 遮断 (7) 遍歴 (8) 泰然 (9) 御陵 (10) 逸話
(11) 愚直 (12) 虚偽 (13) 荘重 (14) 砲撃 (15) 噴水
(16) 漬物 (17) 爽快 (18) 肯定 (19) 凶器 (20) 該当
(21) 貫 (22) 濃霧 (23) 塀 (24) 挟 (25) 衰退

p.114～115 必修問題上級の漢字⑥の答え

1

(1) と (2) ぎしき (3) かこく (4) さんかいき
(5) おじ (6) ほうてい (7) はら
(8) ほうこうざい (9) ぎょうしゅく (10) こ
(11) こうばい (12) かくしん (13) ねんれい
(14) ひそ (15) ちんか (16) けんやく (17) ざせつ
(18) か (19) いなほ (20) かいきょう (21) ぶじょく
(22) は (23) おだ (24) ししょう (25) かお

2

(1) 執念 (2) 行儀 (3) 苛酷 (4) 忌中 (5) 伯仲
(6) 朝廷 (7) 支払 (8) 芳香 (9) 凝 (10) 弧
(11) 購読 (12) 核家族 (13) 樹齢 (14) 潜水 (15) 鎮圧
(16) 倹約 (17) 挫折 (18) 狩猟 (19) 稲刈 (20) 峡谷
(21) 侮辱 (22) 剝製 (23) 穏当 (24) 巨匠 (25) 薫

p.116～117 必修問題上級の漢字⑦の答え

1

(1) しょうぞうが (2) ざしょう (3) へだ
(4) がんぐ (5) きし (6) しへい (7) そうさ
(8) よ (9) ふにん (10) もうら (11) こふん
(12) した (13) じゅうてん (14) のろ (15) つつし
(16) さ (17) らくのうか (18) すいそう (19) ぬ
(20) そうそふ (21) りょう (22) うるお (23) しさ
(24) じょうぞう (25) れいかん

2

(1) 肖像画 (2) 暗礁 (3) 間隔 (4) 愛玩 (5) 騎手
(6) 貨幣 (7) 捜 (8) 麻酔 (9) 赴 (10) 羅列
(11) 墳墓 (12) 慕情 (13) 補塡 (14) 呪文 (15) 謹賀
(16) 挿話 (17) 酪農 (18) 浴槽 (19) 裁縫 (20) 未曽有
(21) 学生寮 (22) 利潤 (23) 示唆 (24) 醸造 (25) 全霊

p.118～119 必修問題上級の漢字⑧の答え

1

(1) えんじょ (2) いっかつ (3) せっそく
(4) ぎせいご (5) けいやく (6) せんにん
(7) そうぎ (8) いおう (9) せいこん
(10) はんせん (11) ゆいいつ (12) おおまた
(13) さく (14) とうちゃく (15) まっしょう
(16) べんぎ (17) かいたく (18) だんろ (19) たまわ
(20) てつや (21) せいさん (22) ていぼう
(23) くんしょう (24) じんそく (25) ぼっ

2

(1) 後援 (2) 統括 (3) 拙作 (4) 擬人法 (5) 契機
(6) 六歌仙 (7) 埋葬 (8) 硫酸 (9) 魂胆 (10) 帆
(11) 唯一 (12) 股間 (13) 柵 (14) 到達 (15) 一抹
(16) 適宜 (17) 魚拓 (18) 香炉 (19) 賜杯 (20) 徹底
(21) 凄絶 (22) 堤 (23) 殊勲 (24) 迅速 (25) 水没

p.120～121 必修問題上級の漢字⑨の答え

1

(1) かもく (2) りゅうき (3) ちみつ (4) せいは
(5) かっさい (6) た (7) かきょう
(8) ちゅうすう (9) ちゅうしん (10) せんぱく
(11) かたまり (12) から (13) やと (14) ほんそう
(15) さしょう (16) あかつき (17) もてあそ
(18) しょくりょう (19) じゅう (20) めいりょう
(21) す (22) いってき (23) れんさ (24) すうこう
(25) だせい

2

(1) 寡聞 (2) 隆盛 (3) 精緻 (4) 覇気 (5) 喝采
(6) 炊飯 (7) 佳作 (8) 中枢 (9) 折衷 (10) 舶来
(11) 金塊 (12) 貝殻 (13) 雇用 (14) 奔放 (15) 詐欺
(16) 暁 (17) 翻弄 (18) 食糧 (19) 銃声 (20) 瞭然
(21) 酢 (22) 滴 (23) 鎖 (24) 崇拝 (25) 怠惰

p.122～123 必修問題上級の漢字⑩の答え

1

(1) こもん (2) い (3) へいがい (4) かいこん
(5) ぼっぱつ (6) だらく (7) はっこう
(8) じしゅく (9) こんだん (10) しゃへい
(11) てっしゅう (12) はんようせい (13) ずい
(14) ひろう (15) そしょう (16) ゆううつ
(17) もほう (18) いんぼう (19) ついらく
(20) ぼんよう (21) ふさ (22) かんせい (23) ほころ
(24) ねんしゅつ (25) せんさく

2

(1) 顧 (2) 治癒 (3) 語弊 (4) 開墾 (5) 勃興
(6) 堕落 (7) 酵素 (8) 粛正 (9) 懇願 (10) 隠蔽
(11) 撤退 (12) 汎用 (13) 真髄 (14) 披露 (15) 訴訟
(16) 憂鬱 (17) 模倣 (18) 参謀 (19) 失墜 (20) 中庸
(21) 要塞 (22) 閑散 (23) 破綻 (24) 捻挫 (25) 所詮

3章 高校入試対策

p.126〜127 必修問題 同音異義語の答え

(1) 意外 (2) 以外 (3) 意義 (4) 異議 (5) 異義
(6) 意志 (7) 意思 (8) 遺志 (9) 異常 (10) 異状
(11) 外観 (12) 概観 (13) 回答 (14) 解答 (15) 介抱
(16) 快方 (17) 開放 (18) 解放 (19) 核心 (20) 確信
(21) 革新 (22) 観賞 (23) 鑑賞 (24) 干渉 (25) 感心
(26) 関心 (27) 歓心 (28) 寒心 (29) 規制 (30) 既成
(31) 既製 (32) 帰省 (33) 競争 (34) 競走 (35) 好意
(36) 厚意 (37) 公正 (38) 更生 (39) 厚生 (40) 後世
(41) 校正 (42) 最後 (43) 最期 (44) 収拾 (45) 収集
(46) 紹介 (47) 照会 (48) 進入 (49) 侵入 (50) 浸入
(51) 対称 (52) 対象 (53) 対照 (54) 追及 (55) 追求
(56) 追究 (57) 不振 (58) 不審 (59) 不信 (60) 保証
(61) 補償 (62) 保障

p.128〜129 必修問題 同訓異字の答え

(1) 合 (2) 会 (3) 遭 (4) 明 (5) 空 (6) 開
(7) 暖 (8) 温 (9) 熱 (10) 暑 (11) 厚 (12) 現
(13) 表 (14) 著 (15) 痛 (16) 傷 (17) 悼 (18) 映
(19) 写 (20) 移 (21) 冒 (22) 犯 (23) 侵 (24) 治
(25) 納 (26) 修 (27) 収 (28) 顧 (29) 省 (30) 変
(31) 換 (32) 替 (33) 代 (34) 掛 (35) 懸 (36) 架
(37) 固 (38) 堅 (39) 硬 (40) 乾 (41) 渇 (42) 聞
(43) 聴 (44) 効 (45) 利 (46) 差 (47) 指 (48) 挿
(49) 刺 (50) 覚 (51) 冷 (52) 進 (53) 勧 (54) 薦
(55) 備 (56) 供 (57) 尋 (58) 訪 (59) 立 (60) 建
(61) 絶 (62) 裁 (63) 断 (64) 付 (65) 着 (66) 就
(67) 突 (68) 務 (69) 勤 (70) 努 (71) 解 (72) 説
(73) 溶 (74) 調 (75) 整 (76) 取 (77) 執 (78) 採
(79) 撮 (80) 捕 (81) 乗 (82) 載 (83) 伸 (84) 延
(85) 図 (86) 測 (87) 計 (88) 量 (89) 謀 (90) 諮
(91) 早 (92) 速

p.130〜131 必修問題 慣用句の答え

(1) 揚(挙)げ足 (2) 足 (3) 足下《あしもと》 (4) 足下 (5) 足
(6) 足 (7) 味 (8) 祭り (9) 蜂《はち》 (10) 油 (11) 息
(12) 板 (13) 一目 (14) 犬 (15) 浮《う》き足《あし》 (16) 腕《うで》
(17) うど (18) うり (19) お茶 (20) 折り紙 (21) 顔
(22) 顔 (23) 固唾《かたず》 (24) 肩《かた》 (25) かぶと (26) 鼻
(27) 口 (28) 口 (29) 口車 (30) 雲 (31) けが (32) 心
(33) 腰 (34) 小耳 (35) さじ (36) 舌つづみ
(37) しのぎ (38) 尻《しり》 (39) すずめ (40) 鶴《つる》 (41) 手塩
(42) 手 (43) 手 (44) 手 (45) 頭角 (46) 二の足
(47) 猫《ねこ》 (48) 猫 (49) 寝耳《ねみみ》 (50) 葉 (51) 破竹《はちく》

(52) 衣《きぬ》 (53) 鼻 (54) 鼻 (55) 膝《ひざ》 (56) 棒 (57) 水
(58) 水 (59) 耳 (60) 鼻 (61) 目 (62) 目 (63) 目
(64) 目 (65) 子 (66) 棒 (67) 指 (68) 横車 (69) らち
(70) 輪《わ》

p.132〜133 必修問題 ことわざの答え

(1) 千里 (2) 地《じ》 (3) 石橋 (4) 五分《ごぶ》 (5) かわず
(6) いわし (7) 馬 (8) 長崎 (9) たい (10) たすき
(11) わら (12) くり (13) かっぱ (14) 亀《かめ》 (15) 枯《か》れ木《き》
(16) 魚《うお》 (17) 三人 (18) 鹿 (19) 赤く (20) すずめ
(21) 背 (22) 山 (23) おおかみ (24) 下《もと》 (25) たぬき
(26) どんぐり (27) 情け (28) わらじ (29) 一
(30) たか (31) のれん (32) だんご (33) 七十五
(34) 百聞 (35) 駒《こま》 (36) 馬子《まご》 (37) さび (38) 水
(39) たたり目 (40) 船(舟)

p.134〜137 必修問題 故事成語の答え

(1) 圧巻 (2) 画竜点睛《がりょうてんせい》 (3) 完璧《かんぺき》 (4) 杞憂《きゆう》
(5) 牛耳《ぎゅうじ》 (6) 漁夫《ぎょふ》 (7) 蛍雪《けいせつ》 (8) 呉越同舟《ごえつどうしゅう》
(9) 五十歩百歩 (10) 五里霧中《ごりむちゅう》 (11) 塞翁《さいおう》が馬
(12) 三顧《さんこ》 (13) 四面楚歌《しめんそか》 (14) 守株《しゅしゅ》 (15) 助長
(16) 推敲《すいこう》 (17) 太公望《たいこうぼう》 (18) 他山《たざん》 (19) 蛇足《だそく》
(20) 朝三暮四《ちょうさんぼし》 (21) 登竜門 (22) 虎《とら》・狐《きつね》 (23) 背水《はいすい》
(24) 白眼視《はくがんし》 (25) 盆《ぼん》 (26) 墨守《ぼくしゅ》 (27) 傍若無人《ぼうじゃくぶじん》

p.138〜139 第1回 模擬テストの答え

1
(1) はあく (2) かんゆう (3) じんそく
(4) はいしゅつ (5) ていさい (6) はいせき
(7) けんご (8) けいしょう (9) むじんぞう
(10) こんだんかい (11) ゆうよ (12) おんけい
(13) あら (14) ゆる (15) は

2
(1) 就職 (2) 提唱 (3) 郵送 (4) 閉幕 (5) 貿易
(6) 配達 (7) 憲法 (8) 勤務 (9) 領域 (10) 拡張
(11) 幹線 (12) 厳守 (13) 浴 (14) 額 (15) 群

3
(1) 著 (2) と (3) 便利 (4) ばっすい
(5) 評価

4
(1) 非 (2) 未 (3) 不 (4) 無 (5) 不

5
(1) コ (2) ク (3) ウ (4) エ (5) カ

p.140～141 第2回 模擬テストの答え

1
(1) ふんえん (2) まんきつ (3) ようご (4) てんさく (5) こくめい (6) かんまん (7) かわせ (8) すんか (9) べんぎ (10) ふにん (11) の (12) まぎ (13) あらわ (14) たずさ (15) さ

2
(1) 貯蔵 (2) 故障 (3) 祝辞 (4) 宇宙 (5) 専門 (6) 財布 (7) 一丸 (8) 刷新 (9) 博識 (10) 迷走 (11) 幹 (12) 胸 (13) 承 (14) 除 (15) 沿

3
(1) オ (2) オ (3) エ (4) オ (5) イ

4
(1) 前・後 (2) 挙・得 (3) 眠・休 (4) 多・難 (5) 不・敵

5
(1) ウ (2) エ (3) キ (4) オ (5) ア

解説

3 それぞれの熟語を示す。
(1) 包装 ア 郵送 イ 思想 ウ 形相 エ 壮大 オ 装置
(2) 交渉 ア 了承 イ 商談 ウ 訴訟 エ 証言 オ 干渉
(3) 余談 ア 贈与 イ 夜露 ウ 予算 エ 剰余 オ 栄誉
(4) 抽象 ア 注釈 イ 忠誠 ウ 命中 エ 円柱 オ 抽出
(5) 任意 ア 確認 イ 新任 ウ 妊婦 エ 住人 オ 忍耐

5
(1) 「偶然」「同伴」「探偵」は「にんべん」、「秩序」は「のぎへん」。
(2) 「被災」「余裕」「複写」は「ころもへん」、「捕手」は「てへん」。

p.142～143 第3回 模擬テストの答え

1
(1) けいい (2) えつらん (3) ひんぱん (4) あんのん (5) きろ (6) せっちゅう (7) しゃそう (8) こうせつ (9) へいこう (10) しゃっかん (11) せば (12) きわ (13) あざ (14) つくろ (15) いこ

2
(1) 純白 (2) 賃貸 (3) 招待 (4) 復興 (5) 勤勉 (6) 衆人 (7) 朗報 (8) 散策 (9) 快方 (10) 高潔 (11) 旗 (12) 調 (13) 営 (14) 耕 (15) 健

3
(1) ウ (2) イ (3) ア (4) イ (5) エ

4
(1) オ (2) ク (3) イ (4) コ (5) ア (6) ケ (7) ウ (8) エ (9) カ (10) キ

5
(1) 前代未聞 (2) 青息吐息 (3) 粉骨砕身 (4) 危急存亡 (5) 暗中模索

解説

3 それぞれの熟語の組み立てを示す。

(1) 書を読む(下が対象)
ア 低い温度(修飾《しゅうしょく》・被修飾《ひしゅうしょく》) **イ** 寒いと暖かい(対義語)
ウ 難を避《さ》ける(下が対象) **エ** 推《お》すと薦《すす》める(類義語)

(2) 未《いま》だ完成せず(接頭語)
ア 職に就《つ》く(下が対象) **イ** 常にあらず(接頭語)
ウ 仮に定める(修飾・被修飾) **エ** 往路と復路(対義語)

(3) 地の面(修飾・被修飾)
ア 頭の上(修飾・被修飾) **イ** 公演を開く(下が対象)
ウ 伸《の》びると縮む(対義語) **エ** 増えると加える(類義語)

(4) 存すると在《あ》る(類義語)
ア 日が没《ぼっ》する(主・述) **イ** 計ると測る(類義語)
ウ 未だ来ず(接頭語) **エ** 往路と復路(対義語)

(5) 哀《かな》しみと歓《よろこ》び(対義語)
ア 再び会う(修飾・被修飾) **イ** 地が震《ふる》う(主・述)
ウ 席に着く(下が対象) **エ** 善いと悪い(対義語)

②